KB192580

AI 시대 교사를 위한 디지털 교육 워크북

이은화 · 신하영 · 김상미 공저

학지사

머리말

　디지털 기술의 빠른 발전은 교육 현장에도 큰 변화를 가져오고 있습니다. 이제 예비 교사들에게 디지털 역량은 선택이 아닌 필수가 되었으며, 이를 효과적으로 기를 수 있는 실무 중심의 학습이 더욱 중요해졌습니다. 이러한 시대적 요구를 반영하여 제작된 이 책은 단순한 이론서가 아닌 실습형 워크북으로서, 예비 교사들이 실제 교육 현장에서 바로 활용할 수 있는 실질적인 역량을 키우는 데 초점을 맞추었습니다.

　이 워크북은 기존의 교재들과 차별화된 방식으로 구성되어 있습니다. 총 4개의 모듈로 구성되어 있으며, 각 모듈은 교실 현장에서 즉시 활용 가능한 실습 중심의 내용을 담고 있습니다. 각 모듈은 실제 교육 현장의 상황과 문제를 기반으로 설계되었으며, 워크시트와 활동지를 통해 예비 교사들이 디지털 도구와 AI 기술의 단순한 활용을 넘어 혁신적인 수업 설계와 교육 문제해결 능력을 키울 수 있도록 구성하였습니다.

　모듈 1에서는 예비 교사를 위한 디지털 리터러시의 기초를 다룹니다. 디지털 시대 교사로서의 기본 역량과 정보 관리, 디지털 보안의 실습 활동을 통해 디지털 환경에서의 첫걸음을 내딛도록 설계했습니다. **모듈 2**에서는 디지털 도구를 활용한 수업에 초점을 맞추고 있습니다. 디지털 콘텐츠 제작, 협력적 학습, 수업-평가의 연계 등 실질적인 수업 설계와 운영 능력을 강화하는 활동들로 구성되었습니다. **모듈 3**에서는 AI 기술과 교육의 미래를 탐구합니다. 인공지능(AI)의 기본 개념부터 생성형 AI를 활용한 수업 설계까지, AI를 교육에 효과적으로 통합할 수 있는 실습 활동을 포함하고 있습니다. **모듈 4**에서는 디지털 교육의 윤리와 미래 방향을 다룹니다. 디지털 시대의 윤리적 교육자료 사용, 저작권 준수, 개인정보 보호 등의 주제를 통해 안전하고 책임감 있는 디지털 교육 실천을 돕고자 하였습니다.

제한된 수업 시간을 고려하여, 각 워크시트는 핵심적인 실습 과제를 중심으로 간결하게 구성하였습니다. 이를 통해 디지털 기술의 활용법 학습과 더불어 실무 역량을 효과적으로 기를 수 있을 것으로 기대합니다.

　이 워크북은 매년 새로운 실습활동과 워크시트를 개발하여 업데이트할 예정이며, 정부의 디지털 교육 정책과 AIDT 정책 변화를 지속적으로 반영하여 추가 자료와 보충 콘텐츠를 제공함으로써 예비 교사들이 변화하는 교육 환경에 효과적으로 대응할 수 있도록 할 예정입니다.

　『AI 시대 교사를 위한 디지털 교육 워크북』이 여러분의 디지털 실무 역량을 한 단계 끌어올리고, 미래 교육을 이끌 역량 있는 교사로 성장하는 데 든든한 동반자가 되기를 기대합니다. 앞으로도 교육 현장의 요구를 반영한 양질의 자료를 꾸준히 개발하여 제공하겠습니다.

2025년 3월
저자 일동

4

차례

교사를 위한 디지털 리터러시의 기초

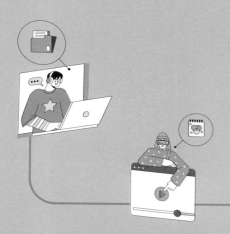

디지털 시대의 교사들에게 요구되는 역량은 단순한 기술 활용을 넘어, 디지털 환경에서 학생들과의 상호작용을 혁신적으로 설계하고 문제를 해결할 수 있는 능력을 포함한다.

모듈 1은 이러한 디지털 역량을 갖추기 위한 기초를 다지고, 학교 및 교실 현장에서 발생하는 다양한 상황에 효과적으로 대응할 수 있도록 설계하였다.

1주차는 오리엔테이션으로, 전체 과목의 학습 목표와 수업 진행 방식, 주요 활동들을 소개하며, 학습자들이 앞으로의 과정을 효과적으로 준비할 수 있도록 개관을 소개하고 워밍업하는 내용으로 구성하였다.

2주차는 디지털 리터러시의 기본 개념과 실습 그리고 정보 관리 및 디지털 보안을 중심으로 구성하였다. 특히 교사로서 디지털 자료를 안전하게 관리하고, 교실 현장에서 발생할 수 있는 문제를 예측하며 이를 해결하기 위한 실질적인 역량을 점검하고 강화하는 활동을 포함하고자 하였다.

이 과정을 통해 AI 디지털 환경에서 교사의 역할을 재정립하고, 정보 관리와 보안의 중요성을 이해하며, 실제 교육 현장에서 이를 적용할 수 있는 능력을 갖추게 될 것이다.

오리엔테이션:
디지털 교육의
새로운 장을 여는 여러분에게

21세기는 디지털 기술의 혁명적 발전이 모든 분야를 바꾸고 있다. 특히 교육은 이러한 변화의 중심에 있다. 디지털 기술과 AI 기술은 단순한 보조 도구를 넘어, 교육 환경을 완전히 재구성하며 교사와 학생의 역할에 근본적인 변화를 요구하고 있다. 이제 교사에게 디지털 교육 역량은 더 이상 선택이 아니다.

AI시대 교사는 단순한 지식 전달자가 아니라, 디지털 환경에서 학생들의 잠재력을 이끌어 내는 디지털 리더로서의 역량을 갖추어야 한다. 어떤 과목의 교사라도 AI와 디지털 도구를 효과적으로 활용하여 창의적이고 비판적인 사고를 이끌어 내는 환경을 만들 수 있어야 한다.

하지만 단순히 기술을 다루는 능력만으로는 충분하지 않다. AI와 디지털 기술을 교육에 적합하게 설계하고, 학생들의 학습 경험을 혁신적으로 변화시키는 방법을 이해하는 것이 더욱 중요하기 때문이다.

한 학기 동안의 학습 여정

이 과목은 디지털 시대의 교사가 반드시 준비해야 할 역량을 함양하는 데 초점을 두고 진행될 것이다. 전체 4개의 모듈로 구성되어 있으며, 각 모듈은 이론적 내용을 최소화하고, 실습과 활동 중심으로 구성하였다. 매주 제시되는 활동은 디지털 도구를 활용하여 수업을 기획하고 실행할 수 있는 방법을 제안하며, 협력 학습과 사례 분석을 통해 교사로서의 실질적인 역량을 강화할 수 있도록 설계하고자 하였다.

한 학기 동안 여러분이 경험할 모듈별 주요 학습 내용은 다음과 같다.

- **모듈 1: 디지털 리터러시와 정보 관리의 기초**
  - 디지털 리터러시의 개념과 중요성, 정보 보안의 기본 원칙을 학습하며, 교사로서 필요한 디지털 역량의 기초를 다진다.
- **모듈 2: 디지털 도구를 활용한 수업 설계와 실행**
  - 디지털 콘텐츠 제작, 협력 학습 도구 활용, 그리고 과정 중심 평가 방법을 학습하

며, 수업에서 디지털 도구를 효과적으로 사용하는 법을 학습한다.

- **모듈 3: AI와 교육의 미래**
  - AI 기술의 개념과 이를 활용한 맞춤형 학습 설계 방법을 학습하며, 미래 교육의 방향성을 탐색한다.
- **모듈 4: 디지털 교육의 윤리와 글로벌 시각**
  - 디지털 시대의 윤리적 이슈와 글로벌 시민교육을 통합하여, 학생들이 세계시민으로 성장할 수 있도록 돕는 교사의 역할을 강조한다.

실습과 활동 중심의 수업 방식

이 과목은 이론적 학습을 최소화하고, 실습과 활동 중심으로 구성되어 있다. 매주 제시되는 학습 활동은 다음과 같은 방식으로 진행하게 될 것이다.

- **디지털 도구 활용**
  - 학교 교실 현장에서 실제로 사용할 수 있는 도구를 익히고, 이를 활용해 수업을 설계하고 실행하는 방법
- **협력 학습**
  - 동료 교사들과 협력하여 교육적 상황의 문제를 해결하는 협업 연습
- **사례 분석**
  - 다양한 교육 현장의 사례를 통해 실질적인 문제를 다루어보는 경험

미래를 준비하는 교사의 자세

교육의 본질은 학생들이 미래 사회에서 성공할 수 있도록 돕는 데 있다. 디지털 기술은 단순히 도구일 뿐이며, 진정한 교육은 교사와 학생 간의 상호작용에서 이루어진다. 이 과목은 여러분이 AI와 디지털 도구를 활용해 학생들이 깊이 사고하고, 넓게 세상을 바라보며, 문제를 효과적으로 해결할 수 있도록 이끄는 데 필요한 실질적 방법을 제공하려고 한다.

디지털 기술과 AI는 교사의 역할을 더 풍요롭게 만들 수 있는 강력한 도구임이 확

실하다. 하지만 그 도구가 학생들의 성장에 어떻게 기여할 수 있을지 이해하고, 이를 윤리적이고 책임감 있게 활용하는 것은 교사로서 여러분의 몫이다.

여러분의 첫걸음을 응원하며

이 과목이 여러분이 디지털 시대의 새로운 교육자로서 첫발을 내딛는 데 안내자가 될 수 있기를 바란다. 더불어 여러분의 성장과 더불어 여러분이 가르칠 학생들의 삶에도 긍정적인 변화를 가져오기를 기대한다. 함께 만들어 갈 미래 교육을 응원하며 여러분이 이 과정을 통해 교사로서 더욱 큰 가능성을 발견하고, 디지털 기술과 교육의 융합이 만들어낼 새로운 세상을 주도해 나가길 바란다.

교사를 위한 정보 관리와 디지털 보안의 기초

차시 1 **디지털 리터러시의 기본 개념과 실습**

- 디지털 리터러시 자가 평가
- 사례 분석을 통한 디지털 리터러시 적용

차시 2 **정보 관리와 디지털 보안**

- 정보 관리의 기본 원칙과 디지털 보안의 중요성 이해
- 디지털 환경에서 안전하게 정보를 관리하는 방법

2주차 | 1차시

디지털 리터러시의 기본 개념과 실습

디지털 시대에 교사의 중요한 역량 중 하나는 디지털 리터러시이다. 디지털 리터러시는 단순히 기술을 다루는 것을 넘어, 정보와 자료를 효과적으로 접근하고 평가하며 분석하는 능력을 의미한다. 이는 교사가 학습 환경을 조성하고 학생들이 안전하게 디지털 자료를 활용하도록 지원하는 데 중요한 역할을 한다.

이번 차시에서는 디지털 리터러시의 기본 개념과 핵심 요소들을 학습하며, 교사로서 필요한 디지털 리터러시 능력을 점검해 본다. 교사들은 자가 평가 도구를 통해 자신의 강점과 약점을 파악하고, 디지털 자료를 분석하고 평가하는 실습을 통해 디지털 리터러시 역량을 강화하게 된다.

또한 다양한 사례를 통해 디지털 자료의 신뢰성과 정확성을 분석하는 법을 익히며, 앞으로의 디지털 환경에서 교사로서 학생들에게 안전한 학습 경험을 제공할 수 있는 기초를 다지게 된다. 이를 통해 디지털 학습 환경을 보다 깊이 있게 이해하고 활용할 수 있는 자신감을 얻게 될 것이다.

팀별 | Activity

실습 활동 소개

디지털 리터러시 개념 이해하기

이 활동을 통해서 자신의 디지털 리터러시 역량을 자가 평가하고, 디지털 자료의 신뢰성과 정확성을 분석하는 방법을 익힌다. 자가 평가를 통해 강점과 약점을 파악하고, 다양한 자료를 평가하여 정보 접근과 분석 능력을 강화한다. 이를 통해 학생들에게 안전한 디지털 학습 환경을 제공할 수 있는 기초를 다지게 될 것이다.

활동지 **디지털 리터러시 자가 평가**

☞ 제공된 디지털 리터러시 평가표를 통해 자신의 강점과 개선할 점을 평가하게 된다.

활동 방법

① **자가 평가표 작성** 제공된 자가 평가표를 사용해 정보 검색, 분석, 평가 그리고 디지털 도구 활용 등 디지털 리터러시의 여러 요소에서 자신이 어느 정도 능숙한지 평가한다.

② **결과 분석 평가** 결과를 바탕으로 강점과 약점을 나누어 기록하고, 각 항목에 대한 세부 피드백을 작성한다.

③ **개선 목표 설정** 개선이 필요한 부분에 대한 향후 학습 목표를 설정하고, 어떤 방식으로 해당 능력을 강화할지 구체적으로 계획한다.

평가항목	평가점수 (1~5)	개념 (강점 혹은 개선점)	향후 목표 및 계획
1. 정보 검색 능력		정보를 신속하고 효율적으로 검색할 수 있는지	
2. 정보 평가 및 분석 능력		신뢰성 있는 정보인지 평가하고 분석할 수 있는지	
3. 디지털 도구 활용 능력		수업에 필요한 디지털 도구를 선택하고 활용할 수 있는지	
4. 디지털 콘텐츠 제작 능력		학습 자료나 콘텐츠를 디지털로 제작할 수 있는지	
5. 디지털 소통 및 협업 능력		디지털 도구를 통해 학습자 또는 동료 교사와 효과적으로 소통할 수 있는지	
6. 디지털 보안 및 개인정보 보호		개인정보 보호와 보안에 대해 충분히 이해하고 실천하는지	
7. 디지털 환경에서의 문제해결 능력		디지털 환경에서 발생하는 문제를 신속히 파악하고 해결할 수 있는지	

종합 분석

- 총점 (35점 만점):
- 강점 요약: 자신 있는 디지털 리터러시 요소와 강점에 대해 간략히 기술한다.
- 개선이 필요한 부분 요약: 약점이 드러난 항목과 그 이유를 정리한다.
- 향후 목표: 디지털 리터러시 향상을 위해 구체적인 학습 목표와 필요한 도구 또는 자료를 적어 본다.

모듈1

모듈 2

모듈 3

모듈 4

실습 활동 소개

사례 분석을 통한 디지털 리터러시 적용

이 활동은 교육 현장에서 발생할 수 있는 다양한 상황을 바탕으로 디지털 리터러시의 필요성과 적용 방안을 탐구한다. 먼저, 제공된 사례를 검토하며 각 상황에서 교사가 발휘해야 할 디지털 리터러시 역량을 분석한다. 이어서 조별 토의를 통해 해결 방안을 도출하고 발표하며, 다양한 시각을 공유한다. 마지막으로, 교사로서 자신의 디지털 리터러시 개선 방법과 교육적 역할을 반성하고 정리한다. 이 활동을 통해서 예비 교사와 교사들은 디지털 리터러시를 실제 교육에 적용하는 역량을 강화할 수 있게 된다.

활동지 사례 분석을 통한 디지털 리터러시 적용

교육 현장에서 발생할 수 있는 상황을 통해 디지털 리터러시의 필요성과 실제 적용 방안을 이해하는 활동이다.

📋 활동 방법

① **상황 예시 검토**: 제공된 교육 현장 사례를 읽고, 각 상황에서 교사가 어떤 디지털 리터러시 역량을 발휘해야 할지 분석한다.
② **토의 및 발표**: 조별로 사례에 대한 의견을 나누고, 적절한 해결 방안을 도출한다. 이를 통해 다양한 시각에서 디지털 리터러시의 적용 방안을 이해하게 된다.
③ **교사로서의 역할 반성**: 사례를 통해 교사로서 자신이 어떻게 디지털 리터러시를 개선할 수 있을지, 교육적 상황에서 어떤 역할을 할 수 있을지 정리하여 기록한다.

사례 1 　신뢰할 수 있는 정보 구별하기

1. 상황 예시

중학교 역사 교사인 A 씨는 학생들에게 특정 역사적 사건에 대한 조사 과제를 부여했다. 학생들이 제출한 자료 중에는 소셜 미디어에서 발췌한 정보나 신뢰성 있는 출처가 명확하지 않은 자료가 다수 포함되어 있었다.

2. 질문

1) A 씨는 학생들이 신뢰성 있는 정보를 찾도록 어떤 방법을 가르쳐야 할까요?

2) A 씨가 학생들에게 추천할 만한 정보 출처 또는 검증 방법은 무엇인가요?

3) 만약 본인이 교사라면 학생들이 신뢰할 수 있는 자료를 찾도록 어떤 추가 지도를 할지 논의해 보세요.

사례 2 　디지털 도구를 통한 협업 프로젝트

1. 상황 예시

고등학교 과학 교사인 B 씨는 학생들이 그룹 프로젝트로 과학 실험 보고서를 작성하도록 했다. 각 그룹은 자료를 조사하고 결과를 시각화해 발표해야 하는데, 학생들은 같은 시간에 모이기 어려워 협업에 어려움을 겪고 있다.

2. 질문

1) B 씨는 학생들이 각자의 위치에서 협력할 수 있는 디지털 도구를 추천해야 합니다. 어떤 도구를 사용할 수 있을까요?

2) 각 도구의 장단점은 무엇이며, B 씨는 학생들에게 도구 사용법을 어떻게 설명할 수 있을까요?

3) 이 사례를 바탕으로 디지털 협업이 필요한 수업 상황에서 교사가 할 수 있는 역할에 대해 논의해 보세요.

사례 3 ｜ 개인정보 보호 및 안전한 자료 관리

1. 상황 예시

초등학교 교사인 C 씨는 학생들이 학교 소셜 미디어 계정을 통해 작품을 공유하는 프로젝트를 준비하고 있다. 그러나 일부 학부모가 개인정보 노출과 관련해 우려를 표명했다.

2. 질문

1) C 씨는 개인정보 보호와 안전한 자료 관리를 위해 어떤 조치를 취해야 할까요?

2) 각 도구의 장단점은 무엇이며, B 씨는 학생들에게 도구 사용법을 어떻게 설명할 수 있을까요?

3) 소셜 미디어 사용에 있어 학생들과 부모에게 사전에 안내할 사항에는 무엇이 있을까요?

4) 교사로서 소셜 미디어 활용 시 디지털 안전을 보장하기 위한 정책이나 지침을 어떻게 세울 수 있을지 논의해 보세요.

활동지　팀별 | Activity

실습 활동 소개

디지털 리터러시 향상 계획 세우기

　이 활동에서는 자가 평가와 사례 분석을 통해 파악된 개선점에 따라 개인별 디지털 리터러시 향상 계획을 수립한다. 디지털 리터러시의 각 요소에서 3개월 내에 달성할 구체적인 학습 목표를 설정한다. 그리고 목표 달성에 필요한 온라인 학습 리소스와 디지털 도구를 선택한다. 끝으로 주별/월별 실천 계획을 작성하고, 학습 진도를 점검할 방법과 피드백 수단을 마련한다. 이 활동을 통해 체계적이고 실질적인 디지털 리터러시 향상 전략을 갖출 수 있게 된다.

활동지　디지털 리터러시 향상 계획 세우기

　👉 자가 평가와 사례 분석에서 파악된 점을 바탕으로 개인별 디지털 리터러시 향상 계획을 수립한다.

활동 방법

① 학습 목표 설정 디지털 리터러시의 각 요소에서 향후 3개월 동안 달성하고자 하는 구체적인 목표를 설정한다.
② 리소스와 도구 선택 목표 달성에 필요한 온라인 학습 리소스나 디지털 도구(예: Google Scholar, YouTube 교육 채널, 정보 평가 웹사이트 등)를 선택한다.
③ 실천 계획 작성 목표 달성을 위한 주별/월별 계획을 작성하고, 학습 진도를 체크할 방법과 피드백 수단을 정한다.

모듈 1

모듈 2

모듈 3

모듈 4

학습 목표 정하기

- 디지털 리터러시 향상을 위한 학습 목표 설정
- 디지털 리터러시의 각 요소에서 향후 3개월 동안 달성하고자 하는 구체적인 목표를 설정한다.

디지털 리터러시 요소	3개월 내 달성 목표(구체적인 성취 목표)
정보 접근	
정보 평가	
정보 분석 및 활용	
자료 조직 및 보관	

리소스와 도구 선택하기

- 목표 달성에 필요한 온라인 학습 리소스나 디지털 도구를 선택하고, 구체적인 활용 방법을 계획한다.

디지털 리터러시 요소	선택한 리소스 및 도구	활용 방법 (예: 검색, 분석, 연습 등)
정보 접근	Google Scholar	특정 주제의 최신 자료를 검색하고 활용
정보 평가	정보 평가 웹사이트 (예: FactCheck)	자료의 신뢰성을 평가하고 검증
정보 분석 및 활용	Youtube 교육 채널	분석 기술을 학습하고 응용
자료 조직 및 보관	클라우드 저장소 (예: Google Drive)	자료를 정리하고 효율적으로 보관

디지털 리터러시 실천 계획 작성

● 목표 달성을 위한 주별 및 월별 계획을 작성하고, 학습 진도 체크와 피드백 수단을 정한다.

주/월별 기간	실천 내용 (목표 달성을 위한 구체적 활동)	진도 체크 방법 및 피드백 수단
1주차	정보 접근 능력 향상을 위해 Google Scholar 활용법 학습	매일 학습 시간 기록, 주별 진도 점검
2주차	FactCheck 사이트를 통해 정보 평가 연습	매주 평가한 자료수 기록, 피드백 회고
3주차	YouTube 교육 채널에서 정보 분석 스킬 학습	시청 완료 후 학습노트 작성
1개월	클라우드 저장소에 자료 정리 및 보관 방법 습득	자료 정리 상태 점검, 보완할 점 피드백
2개월	각 디지털 리터러시 요소의 활용 빈도 및 효율성 평가	자체 평가 및 동료 피드백
3개월	전체 목표 달성 점검 및 개선 계획 수립	최종 피드백 수집 및 성찰

2주차 **2차시**

디지털 리터러시의 기본 개념과 실습

모듈1

모듈 2

모듈 3

모듈 4

디지털 환경에서 교사에게 요구되는 또 다른 중요한 역량은 정보 관리와 보안이다. 교사들은 학생들의 학습 자료와 개인정보를 안전하게 보호하고, 다양한 디지털 자료를 효율적으로 관리해야 할 책임이 있다. 정보 관리 능력은 교사가 교육자료를 조직하고 보관하는 데 필수적이며, 보안 지식은 자료의 안전성을 보장하는 데 중요한다.

이번 차시에서는 정보 관리의 기본 개념과 디지털 보안의 필요성을 중심으로 학습한다. 교사들은 정보의 민감도를 파악하고 이를 바탕으로 보안 계획을 세우는 방법을 익히게 되며, 또한 안전한 비밀번호 설정과 피싱 방지 등 실질적인 보안 기술을 실습하면서 보안 역량을 강화할 수 있다.

이 과정을 통해 자료와 개인정보를 안전하게 보호하는 방법을 배우며, 학생들에게도 안전한 디지털 환경을 제공하는 데 필요한 기술과 자신감을 갖추게 될 것이다.

활동지 　팀별 | Activity

실습 활동 소개

정보 분류 실습

　이 활동에서는 교사로서 다양한 정보의 민감도를 파악하고, 정보를 안전하게 관리하는 방법을 익힌다. 가상의 학급 데이터를 활용하여 정보 유형을 일반 정보, 중요 정보, 민감 정보로 분류하고, 각 정보의 보호 방안을 제안한다. 이 활동을 통해서 예비 교사와 교사들은 학생과 학습 자료를 보다 안전하게 관리하는 기본 역량을 갖출 수 있게 된다.

활동지　정보 분류 실습

☞ 정보의 민감도에 따라 데이터를 분류하고, 각 정보에 맞는 적절한 보호 방안을 제안할 수 있는 능력을 기른다. 이 활동을 통해 교사로서 학생 및 학습 자료와 관련된 정보를 안전하게 관리할 수 있는 기본 역량을 배양한다.

■ 정보 유형별 분류 실습
　- 제공된 가상 학급 데이터를 활용하여 다양한 정보 유형을 분류한다. 정보는 민감도에 따라 일반 정보, 중요 정보, 민감 정보의 세 가지 범주로 나누어 분류한다.

■ 예시 데이터
- ☑ 학생의 이름 및 연락처
- ☑ 수업 자료 링크 및 수업 계획
- ☑ 학급 사진 및 활동 기록 등
- ☑ 학생의 학업 성적
- ☑ 학생의 부모 연락처

활동지: 정보 분류표

정보 항목	정보 유형 (일반/중요/민감)	분류 이유	제안된 보호 방안
학생 이름 및 연락처			
학업 성적			
수업 자료 링크 및 계획			
학생 부모 연락처			
학급 사진 및 활동 기록			
기타 정보 항목			

모듈 1

모듈 2

모듈 3

모듈 4

활동지 　팀별 | Activity

실습 활동 소개

보호 방안 제안 실습

이 활동에서는 분류된 정보 유형에 맞춰 각 정보에 적절한 보호 방안을 제안하고, 실제 현장에서 적용할 수 있는 방법을 탐구한다. 정보의 민감도에 따라 일반 정보는 간단한 보안 설정, 중요 정보는 접근 권한 제한과 백업, 민감 정보는 암호화 및 최소한의 공유 등의 방안을 제시한다. 이후 조별 발표와 토론을 통해 각 조의 분류 기준과 보호 방안을 공유하고 개선점을 논의하며, 교사로서 적용 가능한 다양한 정보 보호 방법을 학습하게 된다.

모듈 1

모듈 2

모듈 3

모듈 4

┌──┐
│ **활동지**   **보호 방안 제안** │
└──┘

☞ 분류된 정보 유형에 따라 각 정보에 맞는 보호 방안을 작성한다. 예를 들어, 민감 정보는
   암호화하여 보호하거나, 학습 자료는 접근 권한을 제한하는 방안을 제시한다.

■ **예시 보호 방안**
   ▫ 일반 정보: 간단한 보안 설정 또는 공유 가능
   ▫ 중요 정보: 접근 권한 제한 및 백업 필요
   ▫ 민감 정보: 암호화 및 보안 접근, 최소한의 공유

■ **발표 및 토론**
   – 조별로 각자의 분류 기준과 보호 방안을 발표하고, 다른 조와 비교하며 개선할 수 있는
      점을 논의한다. 이 과정에서 실제 학교 현장에서 적용할 수 있는 정보 보호 방법에 대해
      다양한 의견을 나눈다.

정보 유형별 분류 실습

가상의 학습 데이터를 제공된 정보 유형에 따라 분류하라.

데이터 항목	분류 (일반 정보/중요 정보/민감 정보)	분류 이유
학생의 이름 및 연락처		
학생의 학업 성적		
수업 자료 링크 및 수업 계획		
학생의 부모 연락처		
학급 사진 및 활동 기록		

정보 유형별 보호 방안 제안

분류된 정보 유형에 따라 각 정보의 보호 방안을 작성하라.

정보 유형	보호 방안	구체적 방법	
일반 정보	간단한 보안 설정 또는 공유 가능	예: 기본 설정으로 공유 가능	
중요 정보	접근 권한 제한 및 백업 필요	예: 특정 사용자만 접근 허용	
민감 정보	암호화 및 보안 접근, 최소한의 공유	예: 암호화 저장, 최소 공유 설정	

발표 및 토론

각 조의 분류 기준과 보호 방안을 발표하고, 다른 조와 비교하여 개선점을 논의하라.

조별 발표 내용	우리 조의 분류 기준과 보호 방안	다른 조의 개선점 및 적용 가능성	

활동지 팀별 | Activity

실습 활동 소개

보안 퀴즈

이 활동에서는 교사들이 실생활에서 활용할 수 있는 비밀번호 관리와 백업 도구를 익히고 설정해 본다. 또한 디지털 리터러시 자가 평가표를 통해 현재 자신의 디지털 역량을 점검하고, 필요한 개선 목표를 설정한다. 이 활동을 통해서 예비 교사와 교사들은 디지털 안전성을 높이고, 자신에게 필요한 역량을 명확히 파악할 수 있다.

활동지 | **보안 퀴즈**

☞ 안전한 비밀번호 작성, 피싱 이메일 식별, 2단계 인증 설정 등에 대한 퀴즈를 통해 디지털 보안 지식을 강화한다.

■ **자가 평가표**: 교사를 위한 디지털 리터러시 자가 평가
  – 이 평가표를 통해 현재 자신의 디지털 리터러시 수준을 평가하고, 필요한 역량 강화 목표를 설정한다.

■ **활동 방법**: 다음의 항목에 따라 각각의 역량을 1~5점으로 평가하라. 각 항목에 대한 강점과 개선이 필요한 부분을 기록한다. (1 = 매우 낮음, 5 = 매우 높음)

☞ 실제로 사용할 수 있는 비밀번호 관리 도구, 백업 도구 등을 익히고 설정해 본다.

활동지 ① 보안 실습

활동 목표: 비밀번호 관리 및 백업 도구 사용법을 익히고 직접 설정해 본다.

도구	설정 방법
비밀번호 관리 도구	비밀번호 생성 및 관리 기능 익히기
백업 도구	자동 백업 설정 및 데이터 복구 방법 습득

활동지 ② 교사를 위한 디지털 리터러시 자가 평가

활동 목표: 각 항목을 1–5점으로 평가하여 디지털 리터러시 강점과 개선점을 파악한다.

디지털 리터러시 항목	점수 (1-5)	강점	개선이 필요한 부분
정보 접근			
정보 평가			
정보 분석 및 활용			
자료 조직 및 보관			
정보 보안 관리 (비밀번호 및 백업)			

모듈 1 / 모듈 2 / 모듈 3 / 모듈 4

디지털 도구를 활용한 수업

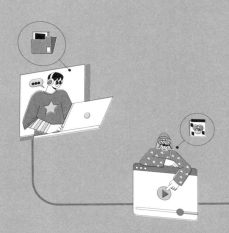

모듈 2는 교사들이 디지털 교육 환경에서 필수적인 역량을 습득하고, 이를 수업에 효과적으로 활용할 수 있도록 돕는 데 중점을 둔다. 디지털 기술의 발전과 함께 교육 현장에서 점점 더 중요해지고 있는 디지털 콘텐츠 제작, 의사소통과 협업 도구를 이용한 협력적 수업 그리고 다양한 기능의 웹 기반 평가 도구 활용을 통해 교사들은 학습자와 더 깊이 있는 소통을 하며 효과적인 학습 환경을 조성할 수 있다.

3주차 디지털 콘텐츠 제작 도구의 활용에서는 다양한 도구를 통해 수업 자료를 만들고, 학습자의 참여와 이해를 돕는 시각적 자료와 콘텐츠를 제작하는 방법을 배운다.

4주차 디지털 도구를 활용한 협력적 학습을 주제로 수업을 위한 학습 콘텐츠의 제작, 공유와 의사소통 그리고 협업을 위한 도구를 활용해 보면서 협력적 학습을 실연해 본다.

5주차는 디지털 도구 활용 수업-평가를 통해 교육과정 실천의 다양한 단계에서 즉시적 의사소통과 다양한 평가 도구를 활용하여 학습자의 요구와 학습 현황을 진단하고. 교사가 보다 효율적으로 평가를 실행할 수 있는 도구 활용에 중점을 둔다.

마지막 6주차, 디지털 환경에서 학습 진단과 학급 관리에서는 교사로서 학습진단과 과제관리 그리고 학급 관리의 목적으로 사용할 수 있는 애플리케이션과 웹 기반 플랫폼용 알아보고 활용해 본다.

디지털 콘텐츠 제작 도구의
이해와 활용

콘텐츠 제작 도구 탐색

디지털 콘텐츠 제작 도구의 개요와 탐색한다. 이를 통해 주요 디지털 콘텐츠 제작 도구(Canva, Google Slides, Powtoon 등)의 기본 기능과 사용법을 이해하고, 각 도구가 어떤 자료 제작에 적합한지 파악할 수 있게 된다. 이 차시에서는 다양한 디지털 콘텐츠 제작 도구의 특징과 주요 기능을 익히고, 프레젠테이션, 이미지, 영상 등의 콘텐츠 유형에 적합한 도구 선택 방법에 대해 학습하며, 콘텐츠 제작 시 활용할 수 있는 템플릿과 디자인 요소 활용법을 학습한다.

활동지 팀별 | Activity

실습 활동 소개

콘텐츠 제작 도구 탐색과 기능 익히기

교사로서 필요한 다양한 도구의 기본 기능을 탐색하고, 각 도구의 특성에 따른 적합한 활용 방안을 학습한다. 첫 번째 활동은 제공된 주요 도구의 개요를 학습하고, 템플릿과 기본 기능을 활용해 간단한 샘플 콘텐츠를 제작해 본다. 두 번째 활동에서는 각 도구가 제공하는 템플릿과 기능을 비교하면서, 수업 자료 제작 시 어떤 도구가 더 유용한지 평가할 수 있게 된다.

활동지 디지털 콘텐츠 제작 도구의 특징과 주요기능 이해

콘텐츠 제작 도구 탐색하기

☞ 다양한 디지털 콘텐츠 제작 도구(Canva, Google Slides, Powtoon 등)의 기본 기능을 탐색하고, 각 도구의 특성과 사용 목적을 이해해 보자.

활동 방법

① **도구 탐색**: 각 도구의 기능과 제공되는 템플릿을 살펴보고, 수업 자료 제작 시 유용하게 사용할 수 있는 기능을 파악한다.
② **도구별 특성 기록**: 각 도구의 주요 기능과 장점 및 단점을 표에 기록하고, 어떤 유형의 콘텐츠 제작에 적합한지 작성한다.
③ **사용 예시 작성**: 탐색한 도구를 활용하여 수업에서 사용할 수 있는 구체적인 예시 (예: Canva로 만든 학습 자료 포스터)를 작성한다.

활동 후 질문

1) 각 도구 중 가장 사용하고 싶은 도구는 무엇이며, 그 이유는 무엇인가요?

2) 도구 활용 중 느낀 장점과 어려움에 대해 기록해 보세요.

도구 이름	주요 기능	강점	단점	적합한 콘텐츠 유형	사용 가능 예시
Canva	예: 템플릿 기반 이미지 디자인	예: 사용이 쉬움, 다양한 템플릿 제공	예: 고급 편집 기능 제한적	예: 포스터, 인포 그래픽	예: 수업용 포스터 제작
Google Slides	예: 슬라이드 프레젠테이션 제작	예: 협업 기능, Google 통합 지원	예: 시각 효과 옵션이 제한적	예: 프레젠테이션	예: 수업 발표 자료 제작
Powtoon	예: 애니메이션 및 동영상 제작	예: 애니메이션 효과, 직관적인 터페이스	예: 무료 버전 기능 제한	예: 동영상, 애니메이션	예: 학습 영상 제작
기타 (사용해본 도구)					

활동지 **콘텐츠 제작 도구 기능 익히기**

☞ 콘텐츠 제작 도구의 기본 기능을 연습하고, 각 도구를 활용해 간단한 수업 자료를 제작해 본다.

활동 방법

① **실습 목표 설정**: 제작할 콘텐츠 유형과(예: 포스터, 프레젠테이션, 학습 영상 등)과 주제(수업에서 다룰 학습주제)를 정한다.

② **도구 활용 실습 기록**: 사용하고자 하는 도구를 선택하고 이 도구가 선택된 이유를 작성한다.

③ **제작 과정**: 각 도구에서 사용한 기능과 제작한 콘텐츠의 간단한 설명을 적는다.

④ **완성된 콘텐츠 스크린샷/이미지 첨부**: 제작한 콘텐츠의 스크린샷이나 이미지를 첨부한다(가능한 경우).

활동 후 질문

1) 각 도구 사용 중 가장 유용했던 기능은 무엇이었나요?

2) 향후 수업에서 이 도구를 어떻게 활용할 수 있을지 구체적으로 적어보세요.

모듈 1

모듈 2

모듈 3

모듈 4

도구별 기능 익히기

도구 이름	주요 기능	실습 내용	학습자 의견
Canva	이미지 삽입, 텍스트 추가, 템플릿 사용	포스터/인포그래픽을 위한 템플릿 선택 후, 이미지와 텍스트를 추가하여 간단한 학습 자료 제작	Canva 사용 소감, 유용했던 기능
Google Slides	슬라이드 레이아웃 설정, 이미지 삽입, 애니메이션 효과	프레젠테이션 슬라이드 1~2장을 만들어 텍스트, 이미지, 애니메이션 효과를 추가	Google Slides 사용 소감, 유용했던 기능
Powtoon	애니메이션 템플릿 사용, 오디오 추가, 텍스트 애니메이션	간단한 학습 주제를 위한 30초짜리 애니메이션 영상 제작	Powtoon 사용 소감, 유용했던 기능

디지털 콘텐츠 설계와 제작

이 차시는 수업 특성을 고려한 콘텐츠 설계와 디지털 도구를 활용한 수업용 콘텐츠 제작 실습으로 구성된다. 첫 번째 활동에서는 수업 목표와 내용, 방법에 적합한 콘텐츠를 체계적으로 설계하는 방법을 학습한다. 두 번째 활동에서는 설계한 내용을 기반으로 디지털 도구를 활용해 실제 수업에서 활용할 수 있는 콘텐츠를 제작하며, 수업 활용성을 높이는 방법을 탐색한다.

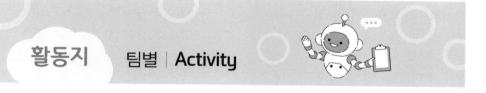

활동지 팀별 | Activity

실습 활동 소개

수업 특성을 고려한 디지털 콘텐츠 설계하기

이 활동은 수업의 특성을 분석하고 이를 반영한 디지털 콘텐츠를 설계해 보는 실습 활동이다. 수업 목표와 내용, 방법을 체계적으로 분석하여 적합한 콘텐츠를 기획하고, 이를 디지털 제작 도구를 활용해 구체화해 보는 연습을 한다. 이 활동을 통해 예비 교사 및 교사는 수업 효과를 극대화할 수 있는 콘텐츠 설계 능력을 기를 수 있으리라 기대한다.

활동지　　**수업 특성을 고려한 디지털 콘텐츠 설계안 연습**

☞ 주어진 수업 주제를 바탕으로 프레젠테이션, 포스터, 영상 콘텐츠 중 하나를 선택해 제작하여, 학습자의 흥미와 이해를 도울 수 있는 시각적 자료를 만드는 방법을 연습한다.

항목	내용 작성란
수업 목표	수업을 통해 학생들이 달성해야 할 목표를 명확하고 구체적으로 작성
주요 학습 내용	수업에서 다룰 핵심 개념이나 주제 요약
수업 방법	수업 진행 방식 기술
디지털 콘텐츠 활용 용도	디지털 콘텐츠를 수업의 어떤 부분에서 어떻게 활용할지 계획
제작할 디지털 콘텐츠	제작하려는 디지털 콘텐츠의 종류와 내용을 구체적으로 작성
활용할 디지털 제작 도구	디지털 콘텐츠 제작에 사용할 도구나 플랫폼을 명시
기대 효과 및 유의 사항	디지털 콘텐츠 활용을 통해 기대되는 학습 효과와 주의할 점 작성

활용 방법

1. 수업 목표와 학습 내용을 명확히 설정하는 연습을 통해 설계의 기초를 다진다.
2. 디지털 콘텐츠 활용 용도를 구체화하여 수업의 각 단계에 적합한 콘텐츠를 설계하도록 유의한다.
3. 활용할 제작 도구를 명시하고, 학습자 수준과 콘텐츠 난이도에 적합한 도구를 선정하도록 유의한다.
4. 콘텐츠가 수업에서 어떤 역할(정보 전달, 학습자 참여, 평가 등)을 할지 명확히 정의하도록 유의한다(예: 학습자 참여를 유도하려면 인터랙티브 퀴즈, 정보 전달은 강의 자료).

수업 주제에 따른 콘텐츠 유형 설계안 연습

수업 주제	수업	수업에서 활용 목적	콘텐츠 유형	제작 도구명
환경 보호 인권 교육	학교급 학년 수준	개념 이해 토론 쟁점 제시 토의를 위한 상황 제시	프레젠테이션 포스터 영상 등	Canva Google Slides Capcut

활용 방법

1. 수업 주제의 특성에 부합하는 콘텐츠 유형을 선택하도록 유의해서 작성한다(예: 개념 설명이 필요한 경우 프레젠테이션, 사례 탐구나 감각적 경험이 필요한 경우 영상 콘텐츠).

2. 각 콘텐츠가 수업 진행 방식에서 어떤 역할을 할 것인지 명확히 정의하도록 유의한다(예: 도입 단계에서는 흥미를 유발하는 영상, 전개 단계에서는 심화 학습을 위한 자료).

3. Canva, Google Slides, CapCut과 같은 도구를 활용해 실제로 콘텐츠를 제작하는 실습으로 연계할 수 있음을 감안하여 작성한다. [예: Canva(디자인 자료), CapCut(영상 편집), Kahoot!(퀴즈 제작)]

활동지　　팀별 | **Activity**

실습 활동 소개

수업용 디지털 콘텐츠 제작 실습

　　이 활동은 수업의 각 단계(도입, 전개, 정리)에 적합한 디지털 콘텐츠를 기획하고, 이를 제작할 도구를 선택하여 활용하는 방법을 배우는 실습 활동이다. 수업 목표와 내용에 맞춰 각 단계에서 어떤 디지털 도구가 효과적인지 판단하고, 실제 콘텐츠를 제작하며 수업 활용 방안을 구체화하는 과정을 학습하게 된다.

수업 단계별 콘텐츠 제작 도구 활용하기

수업 단계	활용 목적	콘텐츠 유형	제작 도구	활용 방안
도입	학습자의 흥미 유발, 배경지식 활성화	흥미를 유발하는 영상, 주제와 관련된 퀴즈	Canva, Powtoon, Kahoot	은 동영상으로 학습 주제를 소개하거나 Kahoot 퀴즈로 배경지식을 점검하여 학습 동기를 유발한다
전개	핵심 개념 설명, 학습 활동 지원	프레젠테이션, 학습 자료, 시뮬레이션 콘텐츠	Google Slides, Canva, Scratch	Google Slides로 주요 개념을 시각화하거나 Scratch로 학습자가 직접 조작할 수 있는 시뮬레이션 콘텐츠를 제작해 개념 이해를 돕는다
정리	학습 내용 복습, 학습 목표 성취 여부 점검	습 퀴즈, 요약 동영상, 학습 성과 시각화 자료	Kahoot, CapCut, Mentimeter	Kahoot 퀴즈로 학습 내용을 점검하거나 CapCut으로 제작한 요약 동영상을 통해 주요 내용을 정리한다.

활용 방법

1. 작성한 워크시트를 기반으로 각 단계에서 설계한 콘텐츠를 제작한다.
2. 제작한 콘텐츠를 수업 시뮬레이션에 적용해 보고, 그 효과성을 팀별로 평가해 본다.
3. 피드백을 통해 콘텐츠 활용 방안을 보완하고 최종안을 제출한다.

완성된 콘텐츠 제작 계획서 및 발표 평가지

평가 항목	평가 기준	점수(1~5점)
콘텐츠 설계의 적합성	수업 목표와 내용, 단계에 부합하는 디지털 콘텐츠를 설계했는가?	
콘텐츠의 창의성과 독창성	학습자의 흥미를 유발하고 독창적인 아이디어를 반영했는가?	
콘텐츠 제작 도구의 활용성	적절한 디지털 도구를 선택하고 효과적으로 활용했는가?	
발표 내용의 명확성	발표 내용이 논리적이고 명확하게 전달되었는가?	
수업 활용 가능성	설계한 콘텐츠가 실제 수업에서 효과적으로 활용될 가능성이 높은가?	

활용 방법

1. 설계한 디지털 콘텐츠 제작 과정을 구체화하고, 수업단계별 활용 방안 점검에 활용한다.
2. 콘텐츠 설계 및 제작 발표 시 동료 학생과 교사가 평가하고 피드백 제공에 활용한다.
3. 발표 후 받은 피드백을 기반으로 콘텐츠 설계와 활용 계획을 수정 및 보완한다.

디지털 도구를 활용한
협력적 학습

4주차 **1차시**

디지털 학습 콘텐츠 제작과 공유

디지털 환경에서 교사 또는 학습자는 학습의 내용과 목적에 따라 다양한 디지털 콘텐츠 제작 도구를 활용하여 텍스트, 비디오, 퀴즈, AR/VR 등 멀티미디어를 활용한 콘텐츠를 (개인 또는 공동으로) 보다 손쉽게 제작할 수 있다. 또한 온라인 공간이나 웹 기반 플랫폼을 제공할 경우, 제작된 학습 콘텐츠를 실시간으로 공유하거나 다양한 사용자가 서로 협력적으로 편집, 재사용할 수 있는 기능을 활용할 수 있다.

- 디지털 도구를 활용한 사용자 주도의 멀티미디어 콘텐츠 제작
  - 자체적으로 이용할 수 있는 다양한 유형의 템플릿 제공
  - 텍스트, 이미지, 동영상, 오디오 등 선택하여 삽입, 수정 및 재가공
    (구글 슬라이드, Canva, 미리캔버스, 북크리에이터 등)
  - AR, VR 등 실제와 유사한 경험과 입체적으로 시각화된 콘텐츠를 조작하거나 체험(구글 스트리트 뷰, 구글 어스, 사이언스올 등)

● 웹 기반 플랫폼을 활용한 콘텐츠 공유

특징	내용
실시간 공유	• 제작된 콘텐츠를 링크 복사 또는 온라인 공간이나 웹 기반 플랫폼에 업로드하며 실시간으로 사용자 간 서로 공유하고 확인
그룹 간 공동 편집	• 시공간 제약 없이 사용자 간에 자료 공유와 실시간 공동 편집 가능 • 교사 간, 교사−학생 간 또는 학생 간 공동 작업이나 온라인 피드백 제공
재사용, 재가공	• 온라인 공간 또는 웹 기반 플랫폼에 저장하여 수업 시간 이후에도 확인하거나 수정, 편집 가능 • (일정 기간 내) 해당 자료가 저장되므로 교사 또는 학생이 해당 자료를 추후에 다시 사용하거나 재가공하여 활용

수업활용사례

• **활용 도구** 구글 슬라이드, 구글 스트리트뷰, 패들렛
• **수업 내용** [역사] 우리 지역에서 관심있는 문화유산이나 문화유적지를 선정한 후, 구글 스트리트 뷰를 활용하여 위치와 내외부를 확인한다. 모둠별로 선정한 각 문화유적지의 역사와 관련 내용을 조사한 후 구글 슬라이드를 활용해서 이미지와 동영상 등이 포함된 발표자료를 제작하고, 패플렛에 업로드하여 공유한다.
• **교수−학습 전략** 수업 주제와 내용에 적절한 제작 도구를 선정하고, 수업 도입 단계에서 도구의 활용 방법이나 수업 절차를 충분히 설명한다.

모듈 1

모듈 2

모듈 3

모듈 4

활동지 　팀별 | Activity

실습 활동 소개

학급 내 다양한 의견 공유와 의사결정

　　소그룹 협력 학습을 통해 학생들 스스로 학급 규칙을 정하고, 이를 공유하여 의사 결정하도록 하는 활동이다. 이를 위해 소그룹별로 구글 슬라이드를 활용하여 발표 자료를 제작하고, 이를 공유한 후 발표하면서 실시간으로 구글 슬라이드에 다른 학생들의 의견을 확인해 본다.

> **활동지** 우리가 만드는 규칙 (I)

☞ 협력학습을 통해 학생들 스스로 학급 규칙을 정하고, 공유하여 결정하도록 하는 활동이다. 이를 위해 소그룹별로 구글 슬라이드를 활용하여 발표 자료를 제작해 본다.

📋 활동 방법

① (사전 준비) 교사는 구글 계정으로 로그인하여, 구글 드라이브에서 교사와 모든 학습자가 공유할 수 있는 구글 폴더를 생성한다. 해당 폴더의 공유 권한을 설정한다.
  – 엑세스 권한: 링크가 있는 모든 사용자
  – 폴더에 있는 파일에 대한 편집 권한 여부: 뷰어, 댓글, 편집자 중 댓글 선택
② 3명 이상의 소그룹을 구성한다.
③ 교사는 활동의 목적과 내용을 설명하고, 구글 슬라이드의 사용법을 안내한다.
  – 제작하는 콘텐츠의 목적과 내용은 해당 그룹에서 논의한 결과로 제안하고 싶은 규칙 그리고 그에 대한 이유 설명
  – 제안하는 규칙은 3개 내외
  – 실시간 공동 작업이 가능하므로, 역할 분담을 통해 동시적으로 작업하고 상호 확인하며 수정할 수 있도록 안내
  – 제안하는 규칙을 설명하고 설득하고자 하는 자료로서 학생들이 텍스트, 이미지, 동영상 등 다양한 콘텐츠를 활용할 수 있도록 설명
④ 학생들은 각자 구글 계정으로 로그인한다. 소그룹별로 구글 슬라이드 문서를 1개씩 작성하고, 앞의 공유 폴더에 결과물을 제출(업로드)한다.

활동지

우리가 만드는 규칙		
소그룹명		
구성원과 역할 분담	• 이름:	• 역할:
구글 슬라이드 링크		
주요 내용 (요약)		
완성된 구글 슬라이드	소그룹에서 제작한 구글 슬라이드를 캡처하여 삽입	
활동 후 질문	1) 소그룹 활동에 구글 슬라이드를 활용하는 것은 어떤 장점과 단점이 있었나요? 2) 활동하는 과정에서 불편하거나 교사의 도움이 필요한 부분은 무엇인가요?	

우리가 만드는 규칙 (II)

앞서 제작한 구글 슬라이드 자료들을 활용하여 소그룹별로 발표하고, 실시간 상호 작용을 위한 도구를 활용하여 구성원의 의견을 공유하면서, 마지막으로 최종 규칙을 결정해 본다.

활동 방법

1. 교사는 구글 드라이브의 링크를 복사하여 학생들과 공유하고, 해당 폴더에 과제 결과물을 제출(업로드)할 수 있도록 한다.
2. 한 그룹씩 구글 슬라이드를 활용하여 규칙 제안에 대한 내용을 발표한다.
3. 각 소그룹이 발표하는 동안 다른 학생들은 다음의 활동을 한다.
   - 댓글로 찬반을 표시
   - 질문이 있을 경우 댓글로 질문을 작성
   - 발표하는 조는 마지막에 댓글을 확인하고, 질문에 대해 답변
4. 소그룹별로 발표하는 동안 교사와 학생 모두 각 소그룹의 댓글에 표시된 찬성과 반대 결과를 종합해 본다.
5. 모든 발표가 끝난 후 결과를 공유하고, 필요 시 찬성이 가장 많았던 소그룹이 제 안한 규칙에서 부분 수정할 것이 있는지 토의·토론 활동으로 연계해 본다.

모듈 1

모듈 2

모듈 3

모듈 4

활동지

우리가 만드는 규칙				
	번호	그룹명	찬성(개)	반대(개)
그룹별 의견 결과				
기억에 남는 질문	1. 2.			
최종 선정된 규칙 내용	1. 2. 3.			
활동 후 질문	1) 구글 슬라이드를 활용한 협력적 콘텐츠 제작, 자료 공유, 즉시적 의사결정 등의 과정에서 가장 편리하게 느껴지는 기능은 무엇이었나요? 2) 이러한 기능을 다른 교과 수업이나 자신의 다른 수업에 적용한다면 어떻게 활용할 수 있을까요?			

4주차 · 2차시

의사소통과 협업

모듈 1
모듈 2
모듈 3
모듈 4

의사소통과 협업은 수업 내 교사와 학생, 학생 간 상호작용을 통한 소통 그리고 학생주도형 참여 수업을 위해서도 중요한 요소이다. 디지털 기기와 도구를 활용한 의사소통과 협업의 특징을 알아보자.

- 실시간 상호작용
  - 교사-학생, 학생 간에 소통을 통해 질문이나 학습 문제 해결, 즉각적 피드백 제공
- 정보 공유 및 협업 확대
  - 시공간의 제약을 벗어나 상시 학습 정보를 공유하고, 함께 학습할 수 있는 협업 환경 제공
- 개별화된 학습 지원과 피드백 제공
  - 디지털 도구를 활용하여 교사가 개별 학생들의 학습 진행 상황을 파악하여 학생별로 맞춤화된 학습 자료 또는 피드백 제공

수업에서 언어(텍스트)뿐만 아니라 영상을 포함한 멀티미디어를 활용하여 의사소통을 활발히 하고, 실시간으로 협업할 수 있는 대표적인 도구들을 소개한다.

- 실시간 의사소통, 피드백
  - Mentimeter: 실시간 설문, 퀴즈, 피드백을 통해 강의나 회의에서 청중의 참여를 유도하고 상호작용을 강화할 수 있는 온라인 도구
  - Poll Everywhere: 교사나 발표자가 실시간으로 설문, 퀴즈, 투표 등을 통해 청중의 반응을 즉시 수집할 수 있는 온라인 도구

- 협업 공간(포럼 및 게시판)
  - Google Classroom: 교사와 학생이 온라인으로 과제, 자료, 피드백을 주고받으며 수업을 관리할 수 있는 학습 관리 시스템(LMS)
  - 패들렛(Padlet): 가상 게시판에 콘텐츠를 업로드, 구성 및 공유할 수 있는 실시간 협업 웹 플랫폼
  - 마이크로소프트 팀즈(Microsoft Teams): 대화 및 화상 통화, 파일 저장, 애플리케이션 연동 등의 기능을 포함한 클라우드 기반 팀 공동작업 공간
- 화상 회의
  - Zoom, Google Meet, Microsoft Teams

활동지 　팀별 | Activity

학급 내 다양한 의견 공유와 실시간 의사소통

　교사와 학생 간 다양한 유형의 상호작용을 위해 실시간 의사소통 도구인 Mentime-ter를 활용해 보자. 제시한 주제에 따라 학생들은 (객관식, 주관식) 응답, 각자 의견 제안 등 실시간 텍스트로 전달하고, 확인할 수 있다.

활동지 **Mentimeter를 활용한 우리의 생각 공유(I)**

☞ 수업 중 교사가 제시하는 질문이나 주제에 대해 각 개별 학생들이 실시간으로 응답하고, 그 결과를 실시간으로 공유하고 확인해 보는 활동이다.

활동 방법

① 수업 전 Mentimeter 사이트에서 교사와 학생이 각각 계정을 생성한다.
② 교사는 오늘 수업에 대한 4지 선다형 객관식 유형의 설문을 2개 작성하고, 해당 코드를 학생들에게 공유한다.
③ 모든 학생이 참여하고 나면, 결과를 공유하고 같이 확인한다.

Mentimeter 활용 체크리스트

1. 질문 생성 또는 응답하기 위해서는 진행자와 참여자가 모두 각 역할에 따라 각각 사이트에 계정을 생성해야 한다.
   - 진행자(교수자, 교수) www.mentimeter.com
   - 참여자(청중, 학생 등) www.menti.com
2. 진행자(교수자, 교수 또는 학생)는 질문을 사전에 만들고 생성된 코드를 미리 응답자들에게 전송해서 결과를 사전에 취합해 놓을 수도 있고, 현장에서 즉시 설문을 만들어 이를 공유하고, 응답을 바로 취합할 수도 있다.
3. 질문을 만들고 난 후 생성되는 코드를 응답에 참여할 사람과 공유할 수 있어야 한다.
   예: 텍스트 메시지 전송, 화면 공유, 공유문서 활용 등
4. (참여자 모두가 결과 확인 또는 추가 논의가 필요한 경우) 응답 결과를 공유할 수 있어야 한다.
   예: 화면 공유, (공유 문서 활용) 결과 전송 등

활동지

Mentimeter를 활용한 우리의 생각 공유	
주제	오늘 수업에 대한 소감
질문 1	
응답 문항	1. 2. 3. 4.
결과 확인	1위. 2위. 3위. 4위.
질문 2	
응답 문항	1. 2. 3. 4.
결과 확인	1위. 2위. 3위. 4위.
질문 내용	
응답 결과	
활동 후 질문	

모듈 1

모듈 2

모듈 3

모듈 4

> **활동지**　Mentimeter를 활용한 우리의 생각 공유 (II)

☞ 수업에 대한 소감이나 기타 학생들의 의견을 알아보기 위해 표현하고, 그 결과를 실
　시간으로 공유하고 확인해 보는 활동이다.

활동 방법

① Mentimeter를 활용하여 실시간 의사소통에 대한 소감과 의견을 묻는 주관식 질
　문을 생성하고, 해당 코드를 학생들에게 공유한다.
② 모든 학생이 자신의 응답을 텍스트로 전송하고 나서 워드 클라우드 형태로 나타
　나는 결과를 확인하고 어떤 키워드가 가장 많이 나타났는지 확인한다.

활동지

Mentimeter를 활용한 우리의 생각 공유	
주제	수업에서 멘티미터를 활용한 실시간 의사소통 경험에 대한 의견
질문 내용	
응답 결과	워드 클라우드 이미지를 삽입하고, 응답 결과 빈도가 높은 3개 단어를 기입하시오.
활동 후 질문	1) 질문 내용에 대한 설문 유형은 적절한가요? 2) 질문 내용에 따라 설문 유형은 어떻게 달라질까요? 3) 이러한 즉시적 의사소통은 수업의 어느 단계에서, 무엇을 목적으로 활용하면 좋을까요?

제 **5** 주차

디지털 도구 활용
수업-평가

차시 1 **온라인 공간을 활용한 상호작용**
- 학생평가에서 상호작용의 중요성과 특징 이해
- 도구를 활용한 실시간 온라인 설문조사 제작과 분석

차시 2 **수업-평가 일체화**
- 디지털 도구를 활용한 과정중심평가의 특징 이해
- 학생 참여 평가, 관찰 평가를 위한 기록 실습 활동

온라인 공간을 활용한 상호작용

　　교육과정에 제시된 바와 같이, 교사는 수업을 통해 학생의 역량 성취 수준을 진단, 평가하는 것을 넘어, 학습자 개개인의 특성을 분석하고 평가와 피드백을 통해 다양한 경로의 학습을 설계하고 제공할 수 있어야 한다는 점이 강조되고 있다. 이를 위해서 학습자는 수업에 능동적으로 참여하고 교사는 교육과정 운영과 수업 중 학생들의 성취 수준과 요구를 파악할 필요가 있다. 이러한 관점에서 교사-학생 간, 학생 간 또는 다양한 교육 자원과의 실시간·비실시간 쌍방향 의사소통은 더욱 중요해지고 있다. 이번 차시에는 온라인 도구와 플랫폼을 활용한 상호작용의 유형 그리고 특징과 도구들을 살펴보고 수업에 활용해 본다.

구분	특징	활용 도구
교수자-학습자 간 상호작용	학습자(학생)이 학습과정에 주도적으로 참여할 수 있는 도구를 활용하여 실시간 평가와 교사-학생의 다양한 피드백 제공	• 과제 제출, 관리: 클래스툴, 구글 클래스룸 • 상호피드백: 알로, 클래스툴, 꾸럼e
학습자-학습자 간 상호작용	과제나 평가 자료를 공유하여 학습자들 간 상호 검토거나 피드백을 공유, 퀴즈나 게임 등을 활용하여 학생 참여 주도의 성취 수준 진단	• 퀴즈: 카훗, 멘티미터, 소크라티즈 등 • 게임: 라포라포, 띵커벨, 지식샘터 등
학습자-교육 자원 간 상호작용	학생이 자신의 학습 수준에 맞추어 자기주도적으로 학습을 하고, 학생별 수준 진단과 피드백, AI기반 분석 서비스 제공	• 질문/응답: 지식샘터, Chat GPT • 수준별 (교과목) 학습 콘텐츠: 똑똑!수학탐험대, 매쓰홀릭 등

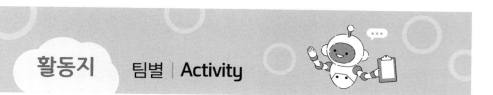

실습 활동 소개

구글 설문지를 활용한 온라인 평가 실습

교육과정 설계와 개발 단계에서 학생들의 의견과 요구를 알아보기 위한 설문지를 작성해 본다. 구글 설문지 기능을 활용하여 요구 조사를 위한 문항들을 만들어 보고, 그 결과를 분석해 보는 활동이다. 기존 오프라인에서 설문지 배부를 통해 조사하는 방식과 온라인 도구와 플랫폼을 활용한 경우, 평가도구 제작과 시행, 채점, 결과 분석 등의 과정에서 어떠한 장단점이 있는지 생각해 보자.

활동지   **구글 설문지를 활용한 평가와 피드백 (I)**

온라인에서 바로 제작하여 사용하고, 실시간으로 응답, 결과를 분석할 수 있는 구글 문서를 활용하여 설문지를 작성해 본다.

활동 방법

① 구글 문서 사이트(docs.google.com)에 로그인한다.

② 문서-설문지를 선택하고 다음의 제목과 문항 내용, 유형으로 온라인 설문지를 제작한다.
   - 이름, 번호 등 필수 기입 항목 필수 응답 유무, 문항 유형 등의 설정을 고려하여 제작
   - 편집자 추가 시 한 설문지에 다수가 공동으로 제작, 편집 가능

③ 오른쪽 상단 '보내기' 버튼을 눌러 이메일로 보내거나, 링크 복사를 통해 메시지로 전달한다.

④ 5명~10명에게 전송하여 응답을 취합하고, 실시간으로 응답 결과를 확인한다.

진로교육 프로그램 요구조사

다음은 학생들을 위한 진로교육 프로그램에 대한 의견과 요구를 알아보기 위한 설문조사입니다. 각 문항들을 잘 읽고 자유롭게 본인의 의견을 표시해 주시기 바랍니다.

객관식 문항

1. 현재 학교에서 제공하는 진로교육 프로그램에 대해 얼마나 만족하시나요?
　　① 매우 불만족　　② 불만족　　③ 보통　　④ 만족　　⑤ 매우 만족

2. 가장 필요한 진로교육 프로그램 유형은 무엇인가요?
　　① 직업 체험 활동　　　　　　② 진도 상담 및 컨설팅
　　③ 대학 진학 관련 정보 제공　　④ 취업 준비 및 면접 특강

3. 진로교육 프로그램을 통해 얻고 싶은 가장 중요한 정보는 무엇인가요?
　　① 다양한 직업에 대한 정보
　　② 직업에 필요한 구체적인 역량과 준비 방법
　　③ 자기이해 및 적성검사
　　④ 학과 선택 및 대학 진학 전략
　　⑤ 기타(직접 작성)

주관식 문항

4. 본인이 생각하는 이상적인 진로교육 프로그램은 어떤 내용이 포함되어야 한다고 생각하시나요?

5. 진로교육 프로그램에서 추가적으로 개선되길 바라는 점이 있으면 자유롭게 작성해 주세요.

서술식 문항

6. 진로에 대해 고민하고 있는 점이나 학교에서의 진로교육에 대해 추가로 하고 싶은 말이 있다면 자유롭게 작성해 주세요.

활동지

진로교육 요구조사 설문 조사 결과(객관식 문항)	
조사명	
문항 구성	
구글 설문 링크	
조사 결과 정리 및 분석	
활동 후 질문	1) 요구 조사를 위한 4지선다형 문항에서 질문에 대한 선택 문항의 구성은 적절했나요? 2) 지필 설문 또는 지필 평가 대신, 온라인 도구나 온라인 플랫폼을 활용하여 설문지(평가지)를 작성하고 실행하는 것은 어떠한 장점이 있었나요? 3) 반면, 온라인 평가가 가지는 단점이나 위험성, 고려해야 할 사항은 무엇이 있을까요?

모듈 1

모듈 2

모듈 3

모듈 4

활동지 2 구글 설문지를 활용한 평가와 피드백(II)

학교 현장에서 설문 조사나 평가 문항 응답은 물론, 수행 평가의 경우 구술, 신체 활동, 영상 등 다양한 형태의 활동 결과물이 평가 또는 피드백의 대상일 수 있다. 주관식과 서술식 문항의 응답에 대한 결과 분석에 대해 생각해 보자.

활동 방법

① 응답 결과 중 주관식과 서술식 문항의 결과를 분석한다.
② 객관식 응답 결과와 달리, 주관식/서술식 문항의 응답 결과는 그 결과가 도식화되어 나타나지 않는다. 텍스트(혹은 음성이나 영상) 형식의 응답 결과를 어떻게 보다 효과적으로 분석할 수 있을지 의견을 나누어 보자.

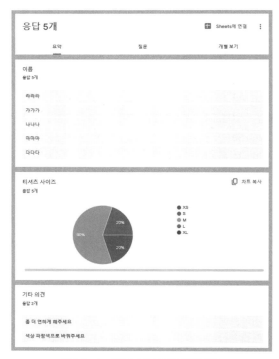

그림 2-1 | 구글 설문 응답 화면 예시

활동지

진로교육 요구조사 설문 조사 결과(주관식, 서술식 문항)	
주관식 문항	문항 4. 주요 결과 – – 문항 5. 주요 결과 – –
서술식 문항	문항 6. 주요 결과
응답 결과 공유	(링크 복사, 공유)
조사/평가 방법, 문항, 결과 분석의 개선	1. 주관식과 서술식 문항의 질문 내용은 적절했나요? 문항을 바꾼다면 어떻게 바꾸고 싶나요? 2. 주관식과 서술식 문항을 평가하거나 채점하기 위해서는 어떤 기준이 필요할까요? 3. 내 수업이라면 이러한 온라인 설문이나 평가지를 수업의 어떠한 단계에서 어떤 내용과 방법으로 적용할 수 있을까요?

모듈 1
모듈 2
모듈 3
모듈 4

수업-평가 일체화

    교육과정에서는 지속적으로 교육과정–수업–평가–기록이 일체화되는 과정중심 평가를 강조하고 있다.

    온라인 환경에서 학생 평가는 실시간·비실시간으로 피드백을 공유하며, 학생 개인별 성취 수준에 맞추어 수업 중 학습 지원의 관점에서 평가를 시행할 수 있는 장점이 있다. 그러나 동시에 교사로서 평가 내용과 도구뿐만 아니라 평가의 전 단계에서 다양한 요소들을 주의 깊게 검토해야 할 필요가 있다. 다음 제시된 온라인 환경에서 수업 평가의 전략과 유의점들을 생각해 보자.

- 학생 참여 중심의 수업-평가 전략
    - 성취 수준별 학생 맞춤형 학습 지원
    - 실시간·비실시간 피드백과 평가 시행
    - 학생 평가 자료의 체계적 분석과 관리
- 온라인 환경에서 학생 평가의 유의점
    - 평가의 공정성과 투명성
    - 디지털 격차와 환경 고려
    - 개인정보활용동의, 저작권 등에 대한 검토
- 디지털 환경에서 학생평가를 위한 단계별 흐름도

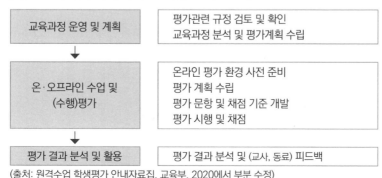

(출처: 원격수업 학생평가 안내자료집, 교육부, 2020에서 부분 수정)

활동지 팀별 | Activity

실습 활동 소개

Kahoot 퀴즈 게임으로 수업 중 평가

학생들의 선수학습 정도 진단, 학습 과정에서 참여동기를 높이거나 이해도 확인, 수업 후 성취 수준을 평가하는 등의 평가와 피드백은 수업의 전 단계에서 이루어진다. 수업에서 간단하게 진행할 수 있는 퀴즈 평가를 제작해 보자.

모듈 1

모듈 2

모듈 3

모듈 4

활동지   Kahoot 퀴즈 게임으로 수업 중 평가

☞ 게임 기반 퀴즈 제작 도구인 카훗(Kahoot)을 활용하여 수업 후 학생들의 참여도와
   소통을 증진시키고, 수업 내용에 대한 이해도를 확인할 수 있도록 하는 형성평가
   문항들을 만들고 활용해 보는 활동이다.

📋 활동 방법

① 교사는 카훗 사이트에서 구글 계정으로 계정을 생성한다.
② 자신이 생각하는 주제로 5개의 객관식 평가 문항을 제작한다.
③ 형성평가(formative assessment) 항목을 선택하여 퀴즈를 생성한다.
   – 이미 만들어진 카훗들을 선택해서 사용할 수도 있다. (예: 국가 맞추기 퀴즈 등)
④ 퀴즈 문제(평가 문항)는 다양한 유형으로 선택할 수 있다.
   – 퀴즈[4지 선다형, O/X, 진실 혹은 거짓(True or False)]
   – 응답 제한 시간 선택
   – 점수 계산 방식 선택(Standard 기본, Double 2배, No points 점수 없음)
   – 정답 개수 설정(무료 버전에서는 하나만 설정 가능)
   – 필요시, 문제에 이미지, 영상 또는 음악 삽입
④ 퀴즈를 만든 다음에는 꼭 정답을 선택해 주어야 한다.

카훗이란?

• 무료로, 로그인 없이, 설치 없이 바로 사용이 가능하다.
• 진행자(교사 또는 학생)는 구글 계정이 있어야 한다.
• 참여자가 퀴즈에 응답하기 위해서는 진행자가 생성한 Game PIN 번호 또는 QR 코드를 공유해야
  입장할 수 있다.
• 진행자가 문제를 직접 만들거나 기존의 문제를 선택하여 사용할 수 있다.

카훗 사용법 더 알아보기

현장교육 웹진 Vo. 124
(http://www.nise.go.kr/field/page/vol124/post41.html)

퀴즈 내용 및 주제					

평가(퀴즈) 문항					
번호	내용	유형	응답 시간	점수	정답(개수)
1					
2					
3					
4					
5					

활동 후 질문

1) 퀴즈 등 게임을 활용한 평가 방식은 어떠한 장단점이 있을까요?
2) 수업 중 학생들의 이해도를 확인하고 수업 동기와 참여도를 높이기 위한 다른 형식의 평가 또는 피드백 방식은 어떤 것이 있을까요?

모둘 1
모둘 2
모둘 3
모둘 4

활동지　　**팀별 | Activity**

실습 활동 소개

교육과정 핵심역량과 관찰 기록

　교육과정, 수업, 평가에 이어 교사는 학생들과 상호작용하고 관찰하며 이해하고 이들의 성장을 기록하고 피드백을 전달하는 역할을 포함한다. 2022 개정 교육과정에 제시된 핵심역량을 알아보고, 역량 성취의 관점에서 교사가 무엇을 어떻게 관찰하고 기록할 것인지 실습해 본다.

활동지 교육과정 핵심역량과 관찰 기록

☞ 2022 개정 교육과정에 제시된 핵심역량을 알아보고, 그중 하나를 선택하여 자신의 학습 과정을 스스로 기록하고, 교사가 이를 피드백하면서 학생의 학교생활기록부에 활용할 수 있는 자료를 작성해 본다.

활동 방법

① 6가지 핵심역량 중 1개를 선택한다.

② (학생의 관점에서) 선택한 역량을 중심으로 지난 3~5차시 수업을 돌아보며, 차시별로 자신의 학습 과정과 기타 활동에 관한 생각과 소감을 2줄 내외로 기록한다.

③ 학습 활동 과정에 나타난 특징을 요약하고, 기타 활동 기록에 나타난 공통적 요소를 찾아본다.

④ (교사의 관점에서) 학습 과정과 기타 활동 기록에 대한 피드백을 작성해 본다.

⑤ 학생의 학교생활기록부에 기록할 내용을 작성해 본다.

─┤ **참고 사이트** ├─

• **학생평가지원포탈** http://stassess.kice.re.kr
  학교급별 과정중심 평가, 수행평가 안내자료, 사례집, 개정 교육과정 성취기준, 평가기준 안내 자료(교사회원, 일반회원으로 구분)

• **에듀넷 티-클리어** http://www.edunet.net
  총론 및 교과별 교육과정, 수업자료, 평가 아이디어

활동지

차시	학습활동 자기기록	기타활동 자기기록
1		
2		
3		
종합	(요약, 구분)	(공통요소, 특징)
(교사) 학생에게 피드백 주기		
(교사) 학생의 학교생활 기록부 기록		
활동 후 질문	1) 이 과정을 시간과 방법적 측면에서 더 효과·효율적으로 하기 위한 디지털 도구는 어떤 것이 있을까요? (예: 엑셀, 구글 문서, 클로바노트 등) 2) 관찰 평가 내용을 학교생활기록부에 기록하는 데 있어, 교사만 실행할 경우와 학생 스스로가 함께 작성해서 공유할 경우, 각각 어떤 장단점이 있을까요?	

디지털 환경에서
학습진단과 학급 관리

맞춤형 학습진단과 디지털 과제관리

교사로서 갖춰야 할 전문성 중의 하나는 학생들의 이해도와 학습 현황을 잘 파악하고, 이에 맞는 적절한 과제와 피드백을 제공하는 것이다. 디지털 교육 환경에서는 학생들의 성취수준 진단과 학습관리, 학습현황 분석 및 과제관리를 위한 다양한 애플리케이션과 플랫폼들을 교사들에게 제공하고 있다. 뿐만 아니라 교육부, 각 시·도 교육청에서 개발·제공하고 있는 무료 도구들을 적절히 사용한다면 교사의 부담과 업무를 경감할 수 있고 학생의 수준과 능력을 고려한 맞춤형 학습에도 활용할 수 있다.

	맞춤형 학습 진단	디지털 과제 관리
예시	학생이 자신의 수준에 맞추어 자기 주도적으로 학습을 하고, 학습진단 결과에 따라 개별 수준에 맞춰 제공되는 콘텐츠를 학습하거나, AI 피드백을 통해 심화/보충 학습 과제 제공	웹 기반 온라인 공간에서 교수자와 다양한 학습자들이 동시에 접속할 수 있으며, 이를 통해 공지사항, 과제 제시, 과제 제출, 의견과 피드백 등을 업로드하여 공유하고 취합, 평가할 수 있는 협업툴
참고 사이트	• EBS 단추(ai.ebs.co.kr) • 베이스캠프(www.plasedu.org) • 칸아카데미(ko.Khan Academy.org)	• 패들렛(ko.padlet.com) • 구글 클래스룸(clssroom.google.com) • 다했지?다했어요! (교사용-dahandin.com)

활동지 개인 | **Activity**

실습 활동 소개

사례를 통한 맞춤형 학습 과정의 이해

'EBS 단추'를 활용하여 학습자의 개별 학습 수준을 진단하고 이를 토대로 학습 콘텐츠를 제공하는 과정을 확인하고 체험하면서 디지털 AI 환경에 기반한 맞춤형 학습 과정을 이해하는 활동이다.

활동지　사례를 통한 맞춤형 학습 과정의 이해

활동 방법

① 교사는 'EBS 단추' 사이트에 회원가입 한다.

② 학습 과정을 선택한다. 초·중·고 → 과목(국어, 수학, 영어 등)

③ 선택한 과목에서 진단평가 간편검사(총 문제 5개)를 풀어 보자.

　※ 진단평가 전체시험 선택 시, 30개 문항 내외, 30분 정도 소요

④ 선택한 과정에서 진단평가 간편검사 문제를 풀고, 결과를 확인한다.

⑤ 디지털 AI 환경에서 (진단)평가가 이전 지필 평가 방식과 어떻게 다르고, 다양한
　기능이 교사와 학습자에게 어떤 장단점이 있을지 생각해 보자.

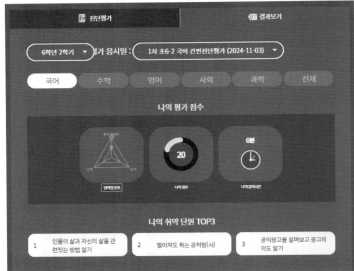

EBS AI 단추 홈페이지

진단평가 결과 예시 화면

활동지

사례를 통한 맞춤형 학습 과정의 이해	
선택 과정	☐ 초등학교　　　　☐ 중학교　　　　☐ 고등학교
선택 과목	
진단평가 간편검사	• 과정명 : (예: 중 1-2 영어 간편진단평가)
채점 결과	• 정답률:　%
결과 보기	• 나의 점수: • 나의 풀이 시간: • 취약 단원 TOP 3:

활동 후 질문

1) 온라인 학습 진단이 (이전 지필 평가 방식과 비교하여) 다른 점이나 편리한 점은 무엇이었습니까?

2) 맞춤형 수업을 위한 학습자 개별 학습 수준 진단이라는 관점에서, 어떠한 과정과 기능이 도움이 된다고 생각합니까?

3) 교사의 관점에서 이러한 학습 진단의 과정은 어떠한 장단점이 있다고 생각합니까?
   – 장점:

   – 단점:

활동지　　개인 | Activity

실습 활동 소개

플랫폼을 활용한 포트폴리오와 과제 관리

　웹 기반 공유, 협업 플랫폼인 패들렛(Padlet)을 활용하여 다양한 유형의 수행평가 과제 결과를 제출, 취합, 공유할 수 있도록 활용해 보는 활동이다.

활동지 | 플랫폼을 활용한 포트폴리오와 과제 관리

📋 활동 방법

① 인터넷(padlet.com) 또는 모바일 애플리케이션을 다운받아 구글 또는 MS 계정으로 회원가입한다(패들렛을 이용하기 위해서는 구글, MS 계정이 필요).

② 만들기 버튼을 선택하고, 이 활동에서는 '선반형 패들렛' 형식을 선택한다.

③ 행을 추가하여 다음 순서대로 5개의 공간을 구성한다.

　과제 공지사항 – 참고자료 – 3/1반 – 3/2반 – QnA 순서로

④ 과제 공지사항과 참고자료에 교사가 학생들과 공유해야 할 자료들을 업로드해 보자. (예: 과제 내용, 제출 기한, 과제제출 형태, 관련 양식, 예시 등)

　※ 패들렛에는 텍스트, 음성, 영상 등 다양한 형태의 콘텐츠를 업로드 가능

⑤ 학생들이 과제를 제출하고 게시물을 작성할 수 있도록 설정에서 비밀－CHANGE PRIVACY – Visitors can write(방문자가 작성할 수 있음)로 권한을 설정한다.

⑥ 해당 패들렛 공간에 입장할 수 있도록 학생들에 링크나 QR 코드, 이메일 등의 형태로 공유한다.

┤ **추가기능** ├

'반응' 기능을 이용하여 좋아요, 투표, 점수, 등급, 댓글 등으로 피드백, 평가 시 활용할 수 있다.

패들렛 홈페이지

활동지

절차	활동 내용	활동 체크 (✔)
회원가입	구글 또는 MS계정	
패들렛 만들기	padlet.com	
선반형 패들렛 선택	반별 또는 번호별 과제 제출에 용이	
과제제출 및 관리 메뉴 구성	과제 공지사항 -참고자료-3/1반-3/2반 -QnA	
권한 설정 링크 공유	학생이 과제를 제출할 수 있도록 권한 설정, 링크(QR코드 전달)	
완성된 패들렛	자신이 제작한 패들렛의 공간을 캡처하여 삽입해 본다.	

6주차 **2차시**

교사를 위한 학급 관리 디지털 도구

학급 경영을 위한 교사의 역할에는 학급 일정, 과제, 학생의 학교생활, 교우관계 등 학습과 학급 관리에 관한 교직 업무가 포함되어 있다.

교사의 디지털 활용 능력은 학급 관리에 필요한 기능을 고려하여 적절한 디지털 도구와 애플리케이션을 선택하고 보다 효과적·효율적으로 행정적 업무들을 처리할 수 있는 역량도 포함된다.

또한 학급 운영과 관리 시 공동체로서 학생과 학부모의 참여도 고려할 수 있다. 학급의 구성원들이 참여할 수 있고 상호 소통할 수 있는 기능과 공간들을 고려하여 이와 관련된 디지털 도구들을 알아보고 활용해 본다.

모듈 1

모듈 2

모듈 3

모듈 4

활동지   개인 | Activity

학급 관리를 위한 소통 도구, 어떻게 선택할까

교사의 보다 효율적이고 효과적인 학급 관리 그리고 학생과 학부모를 포함한 학급의 구성원들과 소통하기 위한 다양한 애플리케이션과 디지털 도구가 있다. 학급 관리에서 소통의 목적과 방법들을 생각하면서 어떠한 도구와 기능들이 필요한지 살펴보자.

> **활동지**   학급 관리를 위한 소통 도구, 어떻게 선택할까

📋 활동 방법

① 학기 초, 새 학급의 운영을 위해 학급 구성원 간 그리고 교사와 학부모 간 소통을 위해 사용할 도구를 선택하려고 한다.
(예: 클래스팅, 카카오톡 단톡방, 하이클래스 등)

② 학급 관리를 위한 소통 도구 선택에 앞서, 교사로서 나에게는 어떠한 목적과 기능이 중요한지 생각해 보자.

활동지

학급 관리를 위한 소통 도구, 어떻게 선택할까

번호	구분	기능 예시	중요도 점수 1(낮음) ↔ 5(높음)
1	효율적 · 즉시적 메시지 전달	• 가정통신문 전달 • 학사 일정 공지 • 학교생활 정보(시간표, 급식 등) 공지 • 학급별 공지사항(과제, 긴급상황 등) 안내	
2	개설과 사용의 간편성	• 교사로서 개설, 관리 편리성 • 학생과 학부모의 가입, 접근 간편성 • 편리하고 직관적으로 이해할 수 있는 화면 구성과 기능	
3	학생의 참여와 상호작용	• 학생의 메시지 확인 여부 • 게시글 반응(댓글, 좋아요 등) • 학생 의견 공유, 취합	
4	정보보안과 안전성	• 비밀번호 관리 • 개인 정보 관리와 보안 • 사용자 권한 설정(외부자의 접근 제한 등) • 부적절한 메시지의 통제, 삭제	
5	출결기능	• 전자 출결 관리, 온라인 출석부 • 학부모 통지 • 출결 사유서 등록, 제출	
6	과제관리	• 과제공지, 제출, 관리 및 평가 • 학생 개별/반별 포트폴리오 • 평가, 결과공유, 피드백	
7	상담기능	• 개별학생 활동 기록 • 교사 – 학생 간 1:1 대화 • 온라인 학부모 상담	

모듈 1

모듈 2

모듈 3

모듈 4

활동지 개인 | Activity

실습 활동 소개

패들렛을 활용한 통합 학급 관리 플랫폼

교과 지도 또는 학급 운영을 위해 패들렛을 활용하여 웹 기반의 통합 관리 플랫폼을 만들어 보는 활동이다. 학습 관리와 학급 운영에 필요한 필수 영역들을 고려하여 메뉴를 구성하고, 교사와 학생, 학부모가 적절히 공유하고 활용할 수 있는 방식도 고려해 보자.

활동지 패들렛을 활용한 통합 학급 관리 플랫폼

6주차 1차시 활동 2에서 제작한 패들렛을 학급 관리 공간으로 재구성해 본다.

활동 방법

① 6주차 1차시 활동 2에서 자신이 제작한 패들렛에 접속한다.

② 우리반을 대표하는 공간으로서, 알림 전달, 출석 관리, 상호 소통, 학습자료 및 과제 관리, 학생에 대한 교사 기록 등 학급 담임 교사로서 필요한 메뉴를 생각하고 구성해 본다.

③ 선택한 형태에서 메뉴를 생성하고, 이 워크북의 실습 활동에서 제작한 콘텐츠, 설문지, 기타 과제물들을 모두 업로드해 본다.
  – 선택에 따라 선반형이 아닌 다른 형태도 가능
  – 텍스트와 이미지 형태의 콘텐츠는 '내보내기' 기능을 통해 PDF로 저장하여 저장이 가능하므로, 교사가 한 번에 파일로 보관하거나 외부 전송 가능

④ 학급 관리에 필요하지만, 패들렛에 직접적인 기능이 없는 경우, 어떻게 연동하여 포함할 수 있을지 생각해 보자. (예: 학교 홈페이지 연동, NEIS 메뉴 연계 등)

활동지

패들렛을 활용한 통합 학급 관리 플랫폼

작성 예시

패들렛 공간 제목	예: 3-2 우리 반 온라인 교실		
메뉴 구성	**메뉴 이름**	**콘텐츠 구성**	**설명, 콘텐츠 형식**
	공지사항	우리반 규칙 일일 알림장 과제 안내	학생들과 정한 우리 반의 규칙 알림(구글 슬라이드)
	학습 자료	영어 진로교육 참고자료 등	진단평가 결과 학생 설문결과
	출결 관리	출결확인 출결관련 양식 제출란	
	사진첩	학습활동 사진	행사별, 일자별 사진(이미지)
			필요 시, 하단에 행 추가
활동 후 질문	1) 학습 및 학급 관리에 필요하지만 사용할 수 없는 기능은 무엇이었습니까? 2) 교사에게 필요한 기능과 학생의 입장에서 필요한 기능은 다를까요? 다르다면 특히 어떤 메뉴인가요? 3) 자신이 만든 패들렛을 다른 친구들과 비교해 보고, 메뉴 구성과 기능에서 보완, 개선한다면 어떤 것이 있을까요?		

모듈 1
모듈 2
모듈 3
모듈 4

AI 기술과
교육의 미래

AI 기술은 교육의 모든 측면에서 점점 더 중요한 역할을 담당하고 있다. 단순한 도구로서의 디지털 기술을 넘어, AI는 학습자와 교수자 모두의 경험을 변화시키며 교실 내외의 교육 방식을 재정의하고 있다. 생성형 AI가 수업 설계와 평가 방법에 혁신을 가져옴에 따라 교육 현장에서는 AI를 활용한 새로운 접근 방식에 대한 논의가 활발히 이루어지고 있다.

이 모듈은 AI와 기존 디지털 기술의 공통점과 차이점을 분석하고, AI가 교육에 가져오는 영향과 윤리적 이슈를 탐구하는 것을 목표로 한다. 특히 AI 기술을 활용한 수업 설계와 수업 평가 방법 그리고 생성형 AI의 위험 요소 및 주의사항을 다룬다. 7주차에서는 AI와 기존 디지털 기술을 구별하여 AI의 특징을 교수학습 맥락에서 파악할 수 있도록 하고, 8주차에서는 생성형 AI, GAI를 수업 맥락에서 이해하고 활용하는 방법을 익힌다. 9주차에서는 GAI 활용 상황에서 교사와 학생이 마주칠 수 있는 윤리적 위험 요소를 다루었다.

인공지능(AI)과 디지털 기술

AI와 디지털 기술의 공통점과 차이점

AI(Artificial Intelligence, 인공지능) 기술은 디지털 환경에서 점차 핵심적인 역할을 담당하고 있다. 기존의 디지털 기술과 AI 기술은 공통점이 있지만, AI의 자율성과 학습 능력은 기술의 본질과 교육에 미치는 영향을 크게 변화시킨다.

이 차시에서는 AI 기술과 기존 디지털 및 뉴미디어 기술의 차이점과 공통점을 분석하고, AI 기술이 학습자와 교수자에게 미치는 영향을 탐구한다. 이를 통해 AI 기술의 본질과 교육적 변화를 이해하고, 교육 현장에서의 전략적 활용 방법을 배운다.

활동지　팀별 | Activity

실습 활동 소개

디지털 기술과 AI 기술 변별하기

- **AI 기술과 기존 디지털 기술의 비교**: AI의 자율성과 학습 기능을 중심으로 기존 기술과의 유사점과 차이점을 분석해 보자.
- **학습자에게 미치는 영향**: AI 도입으로 인해 학습자들이 어떻게 학습 방식을 변화시키고 새로운 기술을 받아들이는지 이해한다.
- **교수자에게 미치는 변화**: 교수자의 역할 변화와 이에 따른 교육적 접근 방식을 탐구한다.

활동지 ｜ AI 기술 탐구 퀴즈

☞ 학생들은 AI와 기존 디지털 기술의 공통점과 차이점을 비교하는 퀴즈에 참여한다.

활동 목표

AI와 기존 디지털 기술의 개념과 차이점을 학습자들이 명확히 이해할 수 있도록 돕다.

활동 방법

① 각 그룹은 AI 기술과 기존 디지털 기술에 대한 퀴즈를 풀어 본다.
② 각 퀴즈 문항은 AI 기술의 특징과 기존 디지털 기술과의 차이점에 관한 것이다.
③ 퀴즈 후, 각 그룹은 정답과 해설을 공유하며 학습 내용을 요약한다.

예시 퀴즈 질문

- "AI는 데이터를 분석하여 스스로 학습할 수 있다."(O/X)
- "기존 디지털 기술은 주로 사용자의 명령에 따라 작동한다."(O/X)

> **활동지**　**교수자 변화 워크시트**

☞ AI 기술 도입에 따른 교수자의 변화와 이를 어떻게 수업에 반영할 수 있을지 상상
해 보자.

📋 활동 목표

　AI 기술 도입으로 교수자가 직면할 수 있는 도전과 기회를 분석하고, 이를 수업에
반영할 방안을 구체화한다.

📋 활동 방법

① 3~4 학생끼리 팀을 구성한다.
② 학생들은 각자 AI 기술 도입으로 인해 교수자의 역할과 수업 방식이 어떻게 변
　화할지 분석한다.
③ 작성한 내용을 워크시트에 기록하고, 팀원들과 공유한다.
④ 각 팀은 자신의 결과를 발표하고, 다른 팀의 의견을 비교하며 토론한다.

예시 퀴즈 질문

● "AI 도입으로 인해 교수자의 수업 준비 방식에 어떤 변화가 생길 수 있나요?"
● "AI 기술을 활용할 때 교수자가 고려해야 할 점은 무엇인가요?"

7주차 2차시

교수학습과 AI

교수학습에서 인공지능(AI)은 데이터를 학습해 문제를 해결하고 예측하는 기술로 활용할 수 있다. 따라서 교수학습 과정에서 AI 기술을 활용하여 학생 개개인의 학습 스타일에 맞춘 맞춤형 교육을 설계하고 수업에 이용할 수 있다. 이러한 기능은 언어 학습 앱, 챗봇, 학습 보조 시스템 등에 AI 튜터, AI 교사라는 이름으로 교육에 등장하고 있다. 예를 들어, AI 기술을 활용하여 개별 학생들의 발음 피드백이나 실시간 질문에 응답을 제공한다면 학습의 효율성과 효과성을 높이는 데 도움을 받을 수 있고, 학생의 자기주도학습을 촉진한다. 그러나 교육에서 학생을 대상으로 한 AI의 활용에는 데이터 보호와 책임감 있는 사용이 필수적이다. 예비 교사로서 AI의 한계를 스스로 이해하고, 학생 또한 비판적으로 사용할 수 있도록 가르치는 것이 중요한다.

활동지 개인 | **Activity**

실습 활동 소개

교실에서의 AI와 디지털 기술 구분하기

앞서 소개한 다양한 AI 디지털 도구들을 구분하고, 각각의 특징과 장단점을 생각해 본다. 이러한 활동을 통해 수업 내용과 단계, 목적에 따라 어떻게 사용할 수 있을지 판단해 본다.

활동지　교실에서의 AI와 디지털 기술 구분하기

앞서 소개하고 활용해 본 AI·디지털 도구들을 구분해 보고 교실에서의 활용 방법, 각 도구들이 갖는 장점과 한계를 생각해 본다.

번호	도구명	구분하기 (AI 또는 디지털)	교실 활용 방법
1	온라인 퀴즈 생성기(Kahoot)		
2	수업 자료 공유(패들렛)		
3	맞춤형 진단 평가(EBS 단추)		
4	평가도구 제작(구글 설문지)		

정답지 예시　교실에서의 AI와 디지털 기술 구분하기

앞서 소개하고 활용해 본 AI·디지털 도구들을 구분해 보고 교실에서의 활용 방법을 생각해 보자.

번호	도구명	구분하기 (AI 또는 디지털)	교실 활용 방법
1	온라인 퀴즈 생성기 (Kahoot)	디지털	학생들이 퀴즈를 통해 학습 내용을 복습하거나 이해도를 점검하는 데 활용
2	수업 자료 공유 (패들렛)	디지털	수업 자료를 배포하고 과제를 관리하여 수업 외 학습을 지원
3	맞춤형 진단 평가 (EBS 단추)	AI	학생 개개인의 학습 수준에 맞춘 맞춤형 문제 제공
4	평가도구 제작 (구글 설문지)	디지털	퀴즈나 설문을 통해 학습 이해도를 평가하거나 피드백을 수집
5	개별 선택하여 1개 추가		

앞서 작성한 AI와 디지털 도구들을 교실 수업이나 교육 활동에 활용할 경우 교사로서 고려해야 할 장점과 한계를 생각해 보자.

번호	도구명	장점	한계	
1	온라인 퀴즈 생성기 (Kahoot)			
2	수업 자료 공유 (패들렛)			
3	맞춤형 진단 평가 (EBS 단추)			
4	평가도구 제작 (구글 설문지)			
5	개별 선택하여 1개 추가			

| 정답지 예시 | 교실에서의 AI와 디지털 기술 구분하기 |

번호	도구명	장점	한계	
1	온라인 퀴즈 생성기 (Kahoot)	실시간 점수 확인이 가능함.	학생 개개인의 수준에 맞춘 피드백이 어려움.	
2	수업 자료 공유 (패들렛)	자료 공유가 쉽고 편리함.	개별 맞춤형 학습이 어려움.	
3	맞춤형 진단 평가 (EBS 단추)	학생의 수준에 맞춘 학습이 가능함.	지나친 의존 시 자율 학습 능력 저하 가능성	
4	평가도구 제작 (구글 설문지)	간단한 평가와 설문이 가능함.	AI처럼 개별 피드백을 제공하지 않음.	
5	개별 선택하여 1개 추가			

GAI 생성형 AI
수업 설계와 활용

GAI 생성형 AI 수업 설계와 활용

생성형 AI(Generative AI)는 교육 분야에서 수업 설계 및 실행 방식을 크게 혁신하고 있다. 기존의 디지털 수업과 비교하여 GAI 기반 수업은 학습자의 창의성과 참여도를 높이고, 수업 과정의 자동화를 통해 교수자에게 새로운 도구를 제공한다. 이 차시에서는 생성형 AI 수업의 특징과 적용 방법을 학습하며, 생성형 AI 기반 수업 설계를 통해 교육적 시사점을 탐구한다. 또한, 생성형 AI 도입 전후 수업 평가 방법의 차이와 생성형 AI 활용을 통한 성찰을 배운다.

활동지   팀별 | Activity

실습 활동 소개

GAI 기반 수업 설계하기

- **GAI 기반 수업과 기존 디지털 수업의 차이:** 생성형 AI 수업이 기존 수업과 어떻게 다른지, 그 차별성을 분석한다.
- **생성형 AI를 활용한 수업 설계:** AI 기술을 포함하여 수업을 설계하는 방법을 익힌다.
- **수업 평가와 성찰:** AI 기술을 사용한 평가 방식과 수업 후 피드백 및 개선 방법을 학습한다.

활동지 ‖ GAI 수업 설계 워크시트

☞ 생성형 AI 기술을 포함하여 수업을 설계하는 방법을 익힌다.

활동 목표

생성형 AI를 활용하여 창의적인 수업 계획서를 작성해 보고, 수업 설계의 특징을 분석한다.

활동 방법

학습자들은 주어진 주제에 대해 GAI를 활용한 수업 설계안을 작성하고, 각자의 계획서를 발표하며 토론한다.

모듈 1

모듈 2

모듈 3

모듈 4

활동지 | GAI 수업 평가 비교 분석

☞ 생성형 AI 수업이 기존 수업과 어떻게 다른지, 그 차별성을 분석한다.

활동 목표

생성형 AI 도입 전후의 수업 평가 방식을 비교하고, GAI 활용의 효과를 분석한다.

활동 방법

제공된 자료를 토대로 AI 기반 수업 평가와 기존 수업 평가의 차이점을 도출하고, 각자의 경험을 공유한다.

GAI를 활용한 평가 상황

초등학교 과학 수업 – AI의 실시간 개념 교정 지원
한 초등학생이 온라인 토론 게시판에서 '식물은 물만 있으면 자랄 수 있다.'는 글을 올렸다. AI는 학생이 과거에도 광합성과 관련된 개념을 혼동했던 기록을 기반으로 즉시 반응한다. AI는 "식물이 물뿐만 아니라 햇빛과 공기도 필요하다는 점을 다시 한번 확인해 보세요!"라는 피드백과 함께 관련 동영상 자료를 제공한다. 학생은 AI가 추천한 자료를 보고 자신의 실수를 깨닫고, 새로운 글을 작성해 개념을 수정한다.

일반적인 교수자 평가 상황

초등학교 과학 수업 – 교수자의 사후 개념 교정
한 초등학생이 수업 중 '식물은 물만 있으면 자랄 수 있다.'고 발표했다. 교사는 여러 학생들의 발표를 들으며 내용을 확인하지만, 즉각적으로 모든 학생의 개념 이해도를 점검하기는 어렵다. 이후 학생이 제출한 과제에서 같은 오류가 반복된 것을 발견한 교사는 채점 후 "식물은 물뿐만 아니라 햇빛과 공기도 필요해요!"라는 피드백을 적어 돌려준다. 하지만 학생은 이미 다른 단원으로 넘어간 상태라 피드백을 즉각 반영하기 어려웠고, 개념을 수정할 기회도 제한적이었다.

활동지 GAI 활용 수업 성찰 점검표

👉 AI 기술을 포함하여 수업을 설계하는 방법을 익힌다.

📋 활동 목표

생성형 AI 도입 전후의 수업 평가 방식을 비교하고, GAI 활용의 효과를 분석한다.

📋 활동 방법

제공된 자료를 토대로 AI 기반 수업 평가와 기존 수업 평가의 차이점을 도출하고, 각자의 경험을 공유한다.

생성형 AI 활용 수업

인공지능(AI)은 데이터를 학습하고 이를 바탕으로 문제를 해결하거나 패턴을 인식하는 기술이다. 생성형 AI는 단순히 정해진 규칙을 따르는 디지털 기술과 달리, 학습을 통해 스스로 개선하고 예측하는 능력이 있다.

학교 교육에서 생성형 AI는 학습자 개개인의 능력과 학습 속도에 맞춘 맞춤형 교육을 위해 활용할 수 있다. 예를 들어, 생성형 AI 알고리즘이 학생의 학습 데이터를 분석하여 개별 맞춤형 학습 경로를 제시하거나 약점을 보완할 수 있도록 학습 지도와 관리에 도움을 줄 수 있다.

교사 입장에서는 생성형 AI를 통해 학생의 학습 진도를 실시간으로 모니터링하고 피드백을 제공할 수 있는 장점을 얻을 수 있다.

그러나 동시에 이러한 도구들을 교사로서 적절히 어떻게, 어디까지 이용하고 교사의 역할과 생성형 AI 보조 도구 역할을 어떻게 구분할지 생각하고 성찰해 볼 필요가 있다.

활동지   개인 | **Activity**

실습 활동 소개

생성형 AI 활용 수업 계획

생성형 AI를 활용한 수업 계획안과 자신이 작성한 수업 계획안이 어떻게 다른지 활용하여 실습해 본다. 어떻게 다르고, 장단점이 무엇일지, 생성형 AI가 가지는 한계가 무엇인지, 교사의 역할은 무엇이 강조되어야 할지 생각해 보는 활동이다.

> **활동지** **생성형 AI 활용 수업 계획**

중학교 2학년을 대상으로 진로 교육을 위해 '나의 미래 직업 탐색'을 주제로 다음 순서에 따라 1차시의 수업을 계획해 본다.

1) 1차로 자신이 작성해 본다.
2) Chat GPT를 사용해서 질문을 만들어서 응답 결과를 확인한다.

> **수업 계획** ●

- 대상: 중학교 2학년
- 주제: 나의 미래 직업 탐색
- 시간: 45분
- 수업 목표
  - 다양한 직업에 대해 이해하고 나의 흥미와 적성을 탐색한다.

✔ Chat GPT 사용 시, 질문에 따라 응답이 어떻게 달라지는지 확인해 보자.

활동지

- 대상: 중학교 2학년
- 주제: 나의 미래 직업 탐색
- 시간: 45분
- 수업 목표
  - 다양한 직업에 대해 이해하고 나의 흥미와 적성을 탐색한다.

내가 작성한 수업 계획안

시간	단계	활동 내용

Chat GPT 활용 AI가 제시한 수업 계획안

시간	단계	활동 내용

활동지   개인 | **Activity**

실습 활동 소개

생성형 AI 활용 수업 설계의 장점과 한계

앞서 생성형 AI를 활용하여 수업을 준비해 보았다. 자신이 직접 작성한 것과 생성형 AI가 제시한 결과가 어떻게 다르고, 장단점이 무엇일지, 생성형 AI가 가지는 한계가 무엇인지, 교사의 역할은 무엇이 강조되어야 할지 생각해 보자.

> **활동지**

활동 1에서의 두 가지 결과를 비교해 보면서, 다음 질문에 대해 자신의 생각을 정리하고 서로 발표해 본다.

1. 자신이 작성한 버전과 생성형 AI가 제시한 버전에서 나타난 가장 큰 차이점은 무엇이었습니까?
2. 각각의 장점은 무엇입니까?
3. 생성형 AI를 활용하여 수업을 준비해 본 결과, AI가 갖는 한계는 무엇이라고 생각합니까?
4. 생성형 AI 시대, 교사로서 더 강조되어야 할 역할은 무엇이라고 생각합니까?

활용 방법

1. 각자 활동지에 답변을 작성한다.
2. 소그룹을 구성하여 자신의 답변을 공유하고 토론한다.
3. 토론 후 AI 활용 수업 설계의 장단점과 교사의 역할에 대한 종합적인 의견을 정리한다.
4. 각 조별 대표가 발표하며 의견을 공유한다.

활동 예시

1. 자신이 작성한 버전과 생성형 AI가 제시한 버전에서 나타난 가장 큰 차이점은 무엇이었습니까?	(예시) 내가 작성한 수업 계획은 활동 중심으로 구성되었지만, AI는 보다 체계적인 학습 단계와 평가 방식을 포함했다. 생성형 AI는 예상 질문과 추가 학습 자료도 제시했다.
2. 각각의 장점은 무엇입니까?	(예시) 내가 작성한 계획은 학습자의 흥미를 반영한 창의적인 활동이 포함되었고, 생성형 AI의 계획은 구조화된 학습 흐름과 평가 도구가 잘 구성되었다.
3. 생성형 AI를 활용하여 수업을 준비해 본 결과, 생성형 AI가 가진 한계는 무엇이라고 생각합니까?	(예시) 생성형 AI는 일반적인 틀을 제시하는 데 강하지만, 학습자의 개별적인 특성이나 실시간 피드백을 반영하는 데는 한계가 있었다. 특히, 감성적인 요소나 동기 부여 전략은 부족했다.
4. 생성형 AI시대, 교사로서 더 강조되어야 할 역할은 무엇이라고 생각합니까?	(예시) 생성형 AI가 제공하는 자료를 분석하고 조정하는 능력, 학생의 감정과 태도를 고려한 맞춤형 지도, 비판적 사고를 유도하는 질문 설계가 더욱 중요하다고 생각한다.

생성형 AI 관련 위험과
주의사항

9주차 1차시

교육에서 AI 활용에 관한 위험요소

● 저작권 및 초상권 문제와 보호방안

AI가 콘텐츠를 생성할 때는 저작권이나 초상권 침해 위험이 있다. 교육에서 AI가 생성한 자료를 사용할 때는 무단 도용을 방지하기 위해 데이터 출처를 명확히 해야 한다. 또한 초상권이 포함된 자료는 학습에 사용하지 않도록 법적규정을 확인하고, 교사와 학생이 이를 인지할 필요가 있다.

● 정보의 편향성과 할루시네이션(Hallucination)

AI는 학습 데이터에 편향이 있거나 할루시네이션 현상이 발생해 잘못된 정보를 제공할 수 있다. 교육에서 AI 사용 시 이러한 편향성을 방지하고 학생들이 AI 정보를 비판적으로 평가하도록 가르치는 것이 중요한다. 이를 위해 다양한 데이터를 사용하고 AI의 한계를 이해시키는 교육이 필요한다.

> **할루시네이션(Hallucination)이란?**
>
> AI가 실제 데이터에 근거하지 않은 잘못된 정보나 허구의 내용을 생성하는 현상으로서, AI 모델이 맥락을 잘못 이해하거나 적절한 정보를 찾지 못할 때 발생한다.

팀별 | **Activity**

실습 활동 소개

- **AI 위험 요소 탐구 OX 퀴즈**: 학생과 교사가 AI 기술 사용 시 주의해야 할 주요 위험 요소를 학습한다.
- **저작권 및 초상권 사례 분석**: AI 사용 시 저작권 및 초상권 침해 사례를 분석하고, 해결 방안을 모색한다.
- **AI 윤리 선언문 작성**: 학생들이 AI 기술 사용에 있어 스스로 윤리적 기준을 설정하고, 이를 실천할 계획을 수립한다.

활동지 ｜ AI 위험 요소 탐구 OX 퀴즈

AI 관련 원리 문제 판단 기준 숙지를 위한 활동을 제공한다.

📋 활동 목표

학생과 교사가 AI 기술 사용 시 주의해야 할 주요 위험 요소를 학습한다.

📋 활동 방법

각 그룹은 AI와 관련된 윤리적 및 법적 질문에 OX 퀴즈 형식으로 답한다. 각 질문에 대한 정답과 해설을 듣고, 관련 사례를 논의한다.

예시 질문 (퀴즈)

- "생성형 AI가 생성한 모든 콘텐츠는 저작권이 없다." 정답(X)
- "AI가 제공하는 모든 정보는 편향되지 않고 객관적이다." 정답(X)

저작권 및 초상권 사례 분석

AI 기술 사용 시 교사와 학생이 지켜야 할 저작권 및 초상권 관련 이슈를 파악하고, 관련 권리를 보호하는 방법을 학습한다.

활동 목표

AI 사용 시 저작권 및 초상권 침해 사례를 분석하고, 해결 방안을 모색한다.

활동 방법

① 각 팀은 다양한 AI 콘텐츠 생성 사례(예: 수업에 사용된 AI 생성 이미지나 텍스트)를 분석한다.
② 해당 사례에서 저작권 및 초상권 문제가 발생할 수 있는 부분을 식별하고, 대응 방안을 논의한다.
③ 팀별 발표를 통해 타당한 해결책과 올바른 AI 콘텐츠 사용 방법을 공유한다.

예시 활동지 질문

- "이 콘텐츠가 저작권을 침해하는 이유는 무엇인가?"
- "해결 방안으로 사용할 수 있는 합법적 자료는 무엇인가?"

활동지   AI 윤리 선언문 작성

AI 기술 사용 시 지켜야 할 윤리를 학습자 스스로 선언하고 다짐하게 한다.

활동 목표

학생들이 AI 기술 사용에 있어 스스로 윤리적 기준을 설정하고, 이를 실천할 계획을 수립한다.

활동 방법

① 학생들은 자신이 경험하거나 예상되는 AI 관련 윤리적 문제를 나열한다.
② 각 문제에 대한 대응 방안을 작성하고, 이를 토대로 AI 윤리 선언문을 작성한다.
③ 작성된 선언문을 소그룹에서 발표하고 피드백을 주고받으며 개선한다.

예시 활동지 작성 지침
- "AI를 사용할 때 지켜야 할 나만의 윤리 규칙을 세우고, 그 이유를 설명하라."
- "작성한 윤리 규칙이 수업이나 일상에서 어떻게 실천될 수 있을지 구체적인 계획을 작성하라."

114 모듈 3 AI 기술과 교육의 미래

9주차 **2차시**

교사와 학생이 주의해야 할 사항들

● **AI는 결국 '도구'**

　교실 수업에서 AI를 윤리적으로 활용하기 위해 교사는 AI가 학생들의 학습을 보조하는 도구라는 점을 이해할 필요가 있다. 예를 들어, AI가 제공하는 피드백을 활용하여 학생들이 개별 학습 목표를 설정하거나 복습할 수 있도록 하되, AI의 피드백이 전적으로 정답이 아님을 강조하는 것이 중요하다.

● **교사와 학생이 함께 만들어가는 '믿을 수 있는 수업'**

　교사는 수업 중 AI가 생성한 자료나 정보를 학생들과 함께 검토하며 그 신뢰성과 편향성을 평가하는 연습을 할 수 있다. 또한, AI 사용 시 개인정보 보호와 디지털 윤리에 대해 구체적인 사례를 들어 설명하고, 학생들이 책임감을 가지고 AI를 사용할 수 있도록 지도하는 역할 또한 필요하다.

● **교사의 AI 활용 역량과 윤리적 기준 정립**

　이를 위해 교사는 AI를 통한 학습을 스스로 설계, 경험하고, AI 기술을 윤리적이고 신중하게 사용할 수 있는 기준을 스스로 설정해야 할 것이다.

 활동지 팀별 | **Activity**

모듈 1
모듈 2
모듈 3
모듈 4

실습 활동 소개

AI의 교육적 활용 사례에 나타난 문제들

교사와 학생이 AI를 교육에 활용할 경우 나타날 수 있는 상황을 사례로 접해 보고, 구체적으로 어떠한 문제인지, 이를 어떻게 해결하거나 사전에 방지할 수 있을지 생각해 보는 활동이다.

활동지 **AI의 교육적 활용에 관한 윤리적 문제 사례 판별**

다음 사례를 참고하여, A교사가 AI 활용에서 잘못된 점이 무엇인지 찾아보고, 이를 사전 또는 사후에 어떻게 방지할 수 있을지 토론해 본다.

중학교 교사 A는 다음 학기 수업 준비를 위해 학생들에게 온라인 학습을 안내하는 자료를 만들기로 했다. 교사 A는 자료의 이해도를 높이기 위해 여러 웹사이트에서 학생의 이름, 사진, 학습 기록을 활용하여 개인 맞춤형 예시 자료를 제작하였다. 또한, 인터넷에서 찾은 인기 교육 영상과 이미지를 그대로 자료에 포함하였다.

자료가 완성된 후, A는 해당 자료를 학생들과 학교 내부의 다른 교사들과 공유했고, 수업 중 일부 영상을 학생들에게 재생하기도 했다.

그러나 이후 ○와 ○를 이유로 관련자에게 학교로 이의 제기가 왔다.

활동지 **정답지 예시**

교사 A는 다음의 두 가지 조항을 위반하였다.

첫째, 학생의 개인정보(이름과 사진)를 본인의 동의 없이 자료에 포함시켰고, 이를 외부에 공개하면서 개인정보 보호법을 위반하게 되었다.

둘째, 저작권이 있는 온라인 콘텐츠를 출처 표기나 저작권 허가 없이 무단 사용하면서 저작권 침해 문제도 발생한 것이다.

이를 방지하기 위해서는 다음 사항을 숙지해야 한다.

1. 저작권 사용 지침 준수 수업 자료를 제작할 때는 인터넷에서 얻은 자료가 저작권이 있는지 확인하고, 저작권 허가를 받거나, 저작권이 없는 공개 자료나 무료 이미지/영상 소스를 사용하도록 한다.

2. 개인정보와 저작권 침해 시정 개인정보가 노출되었거나 저작권 침해가 발생했을 경우, 관련 자료를 즉시 수정하거나 삭제하고, 당사자에게 사과와 필요한 조치를 진행한다.

3. 개인정보 보호 교육 개인정보 보호법에 대한 교육을 받고, 학생의 이름, 사진 등 민감한 정보를 다룰 때 동의를 받거나 익명으로 처리하는 방안을 숙지하도록 한다.

활동지 **학교 교육에서 할루시네이션 문제와 교사의 역할**

다음은 학생이 AI를 활용할 경우 나타날 수 있는 할루시네이션 사례이다. 다음의 3가지 질문에 대해 생각해 보자.

1. 이 사례에서 나타나는 할루시네이션 문제는 무엇인가요?
2. (만약 판별하기 어려운 주제였다면) 교사로서 이를 어떻게 예방하거나, 결과물에서 구별, 판별할 수 있을까요?
3. (수행 평가 결과로 제출했다면) 교사는 어떻게 처리해야 할지 그리고 관련 문제를 학생에게 어떻게 안내, 지도할 수 있을까요?

중학교 3학년 학생 B는 역사 수업의 에세이 과제를 위해 AI 글쓰기 도구를 사용했다. 학생 B는 '2차 세계대전의 주요 인물'에 대해 AI에게 글을 작성해 달라고 요청했다. AI는 가상의 사건을 언급하며, '존 스미스'라는 가상의 인물이 전쟁의 중요한 전투를 이끌었다고 설명했다. 가상의 사건과 인물임을 알지 못했던 학생 B는 AI가 생성한 내용을 그대로 제출했고, 교사가 과제평가 과정에서 이 사실을 발견하였다.

모듈 1

모듈 2

모듈 3

모듈 4

디지털 교육의
윤리와 미래 방향

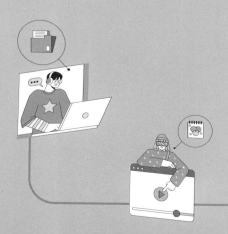

디지털 기술의 발달은 교육 환경을 혁신적으로 변화시키고 있다. 이제 학생들은 디지털 기기를 통해 지식을 탐구하고, 다양한 정보에 손쉽게 접근할 수 있다. 디지털 시대는 교실 밖에서 소셜 미디어를 통해 학습자 간의 소통이 활발히 이루어지고 있다. 그러나 이와 같은 변화는 디지털 시민으로서 지켜야 할 윤리적 기준과 정보 보호의 필요성을 함께 요구한다.

이번 모듈에서는 디지털 시대의 시민 의식과 윤리 교육의 중요성을 탐구하고, 사이버 보안 및 개인정보 보호의 핵심 원칙을 다룬다. 9주차에서는 예비 교사로서 학생들에게 디지털 시민으로서의 책임을 가르치고, 10주차에서는 정보 보호의 중요성을 인식시킬 수 있는 방법을 배울 것이다. 11주차는 안전하고 윤리적인 디지털 교육 환경 조성을 위해 교사와 학생이 실천할 수 있는 사항을 다루었다.

이 모듈은 강의와 실습이 병행되는 워크북 형식으로 구성되어 있으며, 각 주제에 대해 생각해 보고, 실제 상황에서 어떻게 적용할지 스스로 계획을 세워보는 활동을 포함하고 있다. 또한, 실제 사례를 통해 디지털 윤리와 정보 보호의 중요성을 체험할 수 있는 기회를 제공한다.

디지털 교육에서
윤리적 교육자원 활용

디지털 시대 교사의 윤리적·합법적 교육자료 사용법

　　디지털 시대의 교사는 수많은 온라인 자료에 접근할 수 있지만, 이들 자료를 윤리적이고 합법적으로 사용하는 방법을 이해하는 것이 매우 중요하다. 이 차시에서는 한국, 미국, 유럽의 저작권 이슈와 법 제정 현황을 다루며, 교사들이 교육자료를 사용할 때 지켜야 할 대원칙을 제시한다. 또한, 학급에서 저작권 및 지식재산권 인식을 높이는 다양한 활동을 제안한다. 이를 통해 학생들은 디지털 환경에서 적절한 자료 사용법을 배우고, 교사들은 윤리적인 교육 환경을 조성할 수 있는 능력을 갖추게 된다.

활동지　팀별 | Activity

실습 활동 소개

저작권 인식 개선 활동

　　이 활동은 저작권 및 지식재산권의 기본 개념을 학습한 후, 교실 내 저작권 침해 사례를 식별하고 이에 대한 적절한 대응 방안을 논의하는 활동이다. 이를 통해 학생들이 저작권의 중요성을 이해하고, 교사로서 이러한 문제를 어떻게 처리할지에 대한 방향을 설정하게 된다.

주차 1

주차 2

주차 3

주차 4

> **활동지**   저작권 탐정 퀴즈

☞ 학생들은 주어진 자료를 통해 저작권이 침해된 사례를 탐지하고, 그 이유를 설명하는 활동이다.

📋 활동 방법

① 각 그룹에게 실제 저작권 관련 사례를 제시한다(예: 인터넷에서 다운로드한 이미지를 수업 자료로 사용한 경우, 교육자료에서 저작권 표시가 없는 자료 사용 등).

② 학생들은 사례를 검토하고, 저작권이 침해된 부분을 찾아내어 그 이유를 논리적으로 설명한다.

③ 이후 각 팀은 저작권 준수 방안을 제시하며, 적절한 저작권 사용법을 학습한다.

예시 문제

● A교사가 인터넷에서 다운로드한 이미지를 출처표기 없이 화면캡처(screenshot)* 후 붙여넣기 하여 수업 자료로 사용하고 있다. 이 경우 저작권 침해에 해당할까요? 해당한다면 어떻게 해결할 수 있을까요?"

https://media.istockphoto.com/id/1394347710/
vector/woman-in-a-dark-room-looking-
surprised-at-computer-screen.jpg?s=612x-
612&w=0&k=20&c=w6DJzro-kiFjRkLaAwfa6t-
pmZXnvwD3BkrxEIRXD9cs=

---

* 스크린샷이란 컴퓨터 모니터나 스마트폰 등의 전자기기 화면에 보이는 내용을 캡처한 이미지를 말함.

정답

저작권 침해에 해당할 수 있다. 이 경우 해결책은 저작권자가 제공하는 사용 허가를 받거나, 공공저작물 및 크리에이티브 커먼즈 라이선스가 있는 이미지를 사용해야 한다.

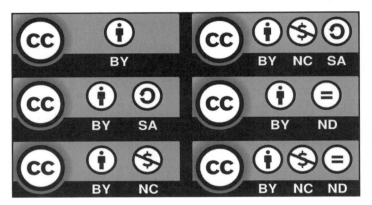

https://pixabay.com/static/uploads/photo/2015/05/25/16/08/creative-commons-783531_960_720.png

> **활동지**   **저작권 OX 퀴즈**

☞ 저작권에 대한 기본적인 이해를 돕기 위한 OX 퀴즈이다. 학생들은 교사로부터 설명을 듣고, 질문에 O 또는 X로 답한다.

활동 방법

① 저작권에 대한 OX 질문을 교사가 제시한다.
② 학생들은 O나 X 카드 또는 손을 들고 답을 선택한다.
③ 퀴즈 후, 각 질문에 대한 설명과 올바른 저작권 사용 방법을 간단히 논의한다.

예시 질문

"인터넷에서 무료로 제공되는 자료는 모두 자유롭게 사용할 수 있다."

정답: X
(무료로 제공되는 자료도 저작권이 있을 수 있다. 저작권자의 허락을 받아야 한다.)

정답: X
(과제라도 출처를 명확히 밝히고 저작권을 준수해야 한다.)

"학생들이 과제를 위해 사용하는 자료는 저작권법에 저촉되지 않는다."

디지털 교육을 위한 올바른 저작권 준수 원칙과 적용

이 차시에서는 디지털 교육을 위한 다양한 공유 자원과 온라인 교육자료(Open Educational Resources, MOOC 등)를 소개하며, 교사들이 이러한 자원을 적절히 활용할 수 있는 방법을 배운다. 교육자료를 선택하고 사용하는 과정에서 저작권을 준수하는 방법을 구체적으로 다루며, 이러한 자료들이 수업에서 어떻게 활용될 수 있는지에 대한 실습을 진행한다. 또한 실제로 사용할 수 있는 교육자료를 탐색하고, 이를 교실에서 활용할 수 있는 다양한 시나리오를 작성해 보는 기회를 제공한다.

활동지 개인 | **Activity**

실습 활동 소개

디지털 공유 자원 활용 워크시트

OER(Open Educational Resource) 및 MOOC에서 제공되는 다양한 자료들을 찾아보고, 자신이 가르치고자 하는 주제와 관련된 교육자료를 선정하는 활동이다. 각 자료의 저작권 정보를 확인한 후, 이를 어떻게 수업에 적용할지 계획해 보는 것이 목표이다.

> **활동지** **디지털 교육자료 스캐빈저 헌트!**

☞ 단서 찾기 게임(Scavenger Hunt) 형태로 저작권을 중심으로 한 탐색 게임이다. 학생
들이 다양한 디지털 자원을 탐색하며 저작권 관련 정보를 찾아내는 활동이다.

활동 방법

① 학생들을 소그룹으로 나누고 각 그룹에 저작권과 관련된 디지털 자료를 제공하
거나 온라인으로 검색할 수 있는 목록을 나눠준다.
② 각 그룹은 자료에서 저작권 정보(예: 저작권 표시, 크리에이티브 커먼즈 라이선스)를
찾아보고, 해당 자료가 어떤 방식으로 사용될 수 있는지 설명하는 보고서를 작
성한다.
③ 각 그룹이 자료 사용 방식을 토론하고 발표한다.

> **활동 예시** **디지털 교육자료 스캐빈저 헌트!**

☞ 단서찾기 게임(Scavenger Hunt) 형태로 저작권을 중심으로 한 탐색 게임이다. 학
생들이 다양한 디지털 자원을 탐색하며 저작권 관련 정보를 찾아내는 활동이다.

예시 스캐빈저 항목

- 크리에이티브 커먼즈 라이선스(CCL)가 적용된 이미지 찾기
- 교육 목적에 적합한 무료 공유 교육자료(Open Educational Resources: OER) 찾기
- 공정 사용(Fair Use)에 해당하는 자료 사례 찾기

> **활동지**　저작권 딜레마 롤플레이(Role-play)

☞ 저작권 문제에 대한 다양한 시나리오를 제공한다. 학생들은 각각의 역할을 맡아 저작권 관련 딜레마를 해결해 보는 활동이다.

> **활동 방법**

① 교사가 여러 저작권 딜레마 시나리오를 제시한다. 예를 들어, '한 교사가 인터넷에서 찾은 교육자료를 사용했는데, 해당 자료에 저작권 문제가 발생한 상황' 등을 설정한다.
② 학생들은 교사, 저작권자, 학생 등의 역할을 맡고, 주어진 상황에서 저작권을 준수하며 문제를 해결하는 방안을 토론한다.
③ 각 그룹의 발표 후, 토론 내용을 바탕으로 저작권 문제 해결책을 정리한다.

> **활동 예시**　저작권 딜레마 롤플레이(Role-play)

☞ 저작권 문제에 대한 다양한 시나리오를 제공한다. 학생들은 각각의 역할을 맡아 저작권 관련 딜레마를 해결해 보는 활동이다.

예시 시나리오
- "교사가 학생들에게 자료를 제공하기 위해 책 한 권의 일부를 복사하려고 합니다. 이 경우 저작권 침해에 해당할까요?"
- "학생이 보고서에 인터넷에서 찾은 이미지를 출처 없이 삽입했을 때, 이를 어떻게 해결할 수 있을까요?"

개인정보 보호와
디지털 범죄 예방

11주차 1차시

사이버 보안과 개인정보 보호

이 차시는 디지털 교육 환경에서 발생할 수 있는 개인정보 보호 문제와 사이버 보안의 중요성에 대해 학습한다. 특히 교수자와 학습자의 개인정보가 온라인상에서 어떻게 위협받을 수 있는지, 이를 예방하기 위한 최신 법률과 제도를 다룬다. 학생들은 사이버 보안의 기본 원칙을 학습하고, 이를 실생활에 어떻게 적용할 수 있는지 실습을 통해 익히게 된다. 최근 주목받는 디지털 포렌식*, 디지털 발자국**, 잊혀질 권리*** 등 사이버 보안 관련 중요 개념과 개인정보 보호 방안에 대해서 학습한다.

● 주요 학습 내용
　– 디지털 교육 환경에서 개인정보가 위협받는 사례
　– 사이버 보안의 중요성과 최근 법률, 정책
　– 개인정보 보호 도구 및 실천 방안

---

* 　디지털 포렌식(Digital Forensics)이란?
　디지털 기기에 저장된 데이터를 분석하여 범죄 수사나 법적 증거를 찾는 기술 및 행위를 의미한다.
** 　디지털 발자국(Digital Footprint)이란?
　인터넷과 디지털 기기를 사용할 때 남는 개인의 흔적으로, 개인의 행적을 추적할 수 있는 검색 기록, SNS 활동, 위치 정보 등이 포함된다.
*** 　잊혀질 권리(Right to Be Forgotten)란?
　온라인에서 자신의 개인정보나 과거 기록을 삭제하거나 검색되지 않도록 요청할 수 있는 권리를 뜻한다.

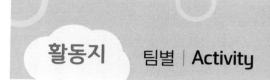

활동지 팀별 | **Activity**

실습 활동 소개

디지털 장의사 되어보기 게임

 학생들이 자신의 소셜 미디어, 이메일 계정 등을 점검해 보면서 공개된 정보를 파악하고, 불필요한 데이터를 직접 삭제해 본다. 이를 통해 개인정보 보호의 필요성을 인식하고 실천해 보는 활동이다.

활동지 디지털 장의사 되어보기 게임

활동 목표 및 지도 주안점

● 학생들은 '디지털 장의사' 역할을 맡아 자신의 디지털 흔적을 점검하고, 불필요한 개인정보나 데이터를 삭제하여 디지털 공간에서의 안전을 지키는 법을 실습한다.

https://cdn.sisajournal.com/news/photo/
first/201407/img_139676_1.jpg

활동 내용

 학생들은 자신의 소셜 미디어, 이메일 계정 등을 점검하여 공개된 정보를 파악하고, 불필요한 데이터를 삭제하는 절차를 밟다.

활동지 **디지털 장의사 역할 수행**

목표

자신의 디지털 흔적을 점검하고, 개인정보 보호의 필요성을 체감하며 실천하는 방법을 배운다.

1 현재 사용하는 디지털 계정 목록 작성하기

1) 예: 소셜 미디어 계정, 이메일 계정, 온라인 쇼핑 계정 등
2) 각 계정에서 개인정보가 어떻게 노출되고 있는지 분석하기

2 개인정보 점검하기

1) 불필요하게 공개된 정보: 이름, 이메일, 전화번호 등
2) 오래된 계정이나 사용하지 않는 앱 삭제하기

3 보호 조치

1) 비밀번호 변경: 복잡한 비밀번호 사용하기
2) 2단계 인증 설정하기
3) 민감한 정보는 꼭 필요한 경우에만 제공하기

4 결과 기록

1) 삭제한 계정/정보 목록 작성하기
2) 개선된 보안 조치 작성하기

5 성찰

이 활동을 통해 느낀 점과 앞으로 개인정보를 어떻게 관리할 계획인지 작성하기.

https://image.imnews.imbc.com/keyframe/17news/2014/06/02/2/Large_2316281.jpg

활동지 **개인정보 보호 보물찾기 게임**

활동 방법

1) 학생들은 다양한 디지털 도구를 활용하여 개인정보 보호 도구들을 찾아내고, 그 사용법을 학습하는 보물찾기 게임을 진행한다.

2) 각 팀은 주어진 단서에 따라 개인정보 보호와 관련된 도구(예: 비밀번호 관리자, VPN, 2단계 인증)를 찾아내고 사용법을 설명하는 활동을 수행한다.

모듈 1
모듈 2
모듈 3
모듈 4

11주차 2차시

모두가 행복한 디지털 교육을 위한 윤리 가이드

이 차시는 디지털 환경에서 발생할 수 있는 윤리적 문제를 다룬다. 특히 청소년들이 쉽게 노출되는 디지털 범죄와 사이버불링, 디지털 성폭력 등의 문제를 다루며, 이를 예방하는 방법을 학습한다. 예비 교사들은 디지털 교육 환경에서 학습자와 교수자가 지켜야 할 윤리적 기준을 익히고, 다양한 윤리적 이슈에 현명하게 대처하는 방법을 모색하게 된다.

● 주요 학습 내용
  − 디지털 범죄 및 사이버불링의 원인과 예방
  − 디지털 성폭력, 불법도박 등의 디지털 범죄 발견 시 대처 방법
  − 디지털 교육 환경에서의 윤리적 이슈

활동지 팀별 | Activity

실습 활동 소개

롤플레잉−사이버불링 상황 발견하고 현명하게 판단 내리기

보드게임 형식으로 주어진 사이버불링 사례를 살펴보면서 디지털 범죄에 대해 이해하고, 교사로서 이러한 문제에 대처할 수 있는 방안이 무엇인지 생각하고 해결 방안들을 찾아보는 활동이다.

활동지 **롤플레잉1 – 사이버불링 상황 발견하고 현명하게 판단 내리기**

- 학생들은 보드게임 형식으로 주어진 사이버불링 사례를 해결하는 활동을 한다. 각
팀은 주어진 상황에 대해 적절한 대처 방안을 제시하고, 해당 방안의 윤리성을 논
의한다.

1. 사이버불링 상황 시나리오 분석

다음에 제시된 사례를 읽고, 사이버불링의 문제를 분석하라. 각 팀은 상황에 대한
분석을 바탕으로 구체적인 해결 방안을 논의한다.

- 사례 1: 카톡방에서의 소외
  - "중학교 3학년 교실에서 A학생이 카톡방에 자주 초대받지 않거나, 초대된 후 곧
  바로 강퇴당하는 상황이 반복되고 있다. 다른 학생들은 A학생의 질문에 답하지
  않거나 무시한다. A학생은 점점 더 소외감을 느끼며 학교생활에 어려움을 겪고
  있다."

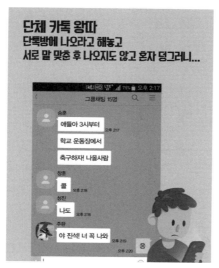

https://cdn.econovill.com/news/photo/201902/356206_242629_3747.jpg

활동지 **롤플레잉 2 – 사이버불링 상황 발견하고 현명하게 판단 내리기**

● **문제점 분석**
- 이 상황에서 A학생이 겪고 있는 문제는 무엇인가요?
- 이와 같은 상황이 지속될 경우 A학생에게 어떤 영향을 미칠 수 있나요?

● **교사로서의 역할**
- 교사로서 이 상황을 인지한 후 어떻게 대처해야 할까요?
- 이 상황을 예방하고 해결하기 위해 어떤 윤리적·교육적 접근을 취할 수 있을까요?

● **해결 방안 제시**
- 해당 상황에서 취할 수 있는 구체적인 해결 방안을 3가지 제시하세요.
- 각 해결 방안의 장점과 단점은 무엇인가요?

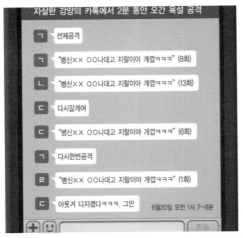

https://img.khan.co.kr/news/2012/08/19/l_20120820010023989000179043.jpg

디지털 폭력 예방과
윤리 가이드

12주차   1차시

안전하고 윤리적인 디지털 교육

이 차시에서는 디지털 교육 환경에서 발생할 수 있는 디지털 폭력 예방의 중요성과 이에 대한 대응 방안을 학습한다. 특히, 교수자와 학습자가 온라인 상에서 직면할 수 있는 사이버 불링, 악플, 딥페이크 등 디지털 폭력의 다양한 유형과 그 심각성을 다룹니다. 학생들은 디지털 폭력의 개념과 유형을 이해하고, 목격하거나 동조, 방조하게 되었을 때 올바르게 대처하는 방법을 실습을 통해 익히게 된다.

● 주요 학습 내용
  – 디지털 교육 환경에서 발생할 수 있는 디지털 폭력의 유형과 사례
  – 사이버 불링, 악플, 딥페이크 등 디지털 폭력의 위험성과 영향
  – 디지털 폭력을 예방하고 대응하는 방법 및 사례별 실천 방안

활동지   팀별 | Activity

실습 활동 소개

디지털 폭력 가상 시나리오

청소년이 심각성을 미처 알지 못하는 디지털 폭력의 유형과 사례를 알아보고, 디지털 폭력을 목격하거나 동조, 방조하게 되었을 때 대처 방법에 대해 생각해 본다.

> **활동지** 디지털 폭력 가상 시나리오 1 – 보안관 되어보기

활동 목표

디지털 폭력의 다양한 유형과 사례를 인식하고, 그 심각성을 이해한다.

활동 방법

- 각 그룹은 디지털 폭력의 사례(예: 사이버 불링, 악플, 딥페이크)를 포함한 다양한 시나리오를 제공한다.
- 학생들은 각 시나리오를 검토하고, 디지털 폭력이 포함된 부분을 식별하고 그 이유를 설명한다.
- 이후 각 팀은 디지털 폭력을 예방하기 위한 방안을 제시하고 발표한다.

활동지 예시

- 주어진 시나리오를 읽고, 다음의 질문에 답하십시오.
  - 이 사례에서 어떤 디지털 폭력이 발생했나요?
  - 이 상황을 예방하거나 완화할 수 있는 방법은 무엇인가요?

예시 상황

한 학생이 반 친구들과 함께하는 단체 채팅방에서 장난삼아 특정 친구의 합성 사진을 만들어 공유했다. 사진은 원본과 다르게 편집되어 친구를 놀리는 내용이었지만, 몇몇 학생들이 이를 재미있다고 생각하고 다른 SNS에도 공유했다. 며칠 후, 해당 학생은 학교에서 자신을 조롱하는 낯선 학생들까지 만나게 되었고, 원하지 않는 별명이 붙어버렸다. 기분이 상한 학생은 친구들에게 사진을 삭제해 달라고 요청했지만, 이미 여러 곳에 퍼져 있어 통제할 수 없는 상황이 되었다. 결국 이 학생은 등교하는 것이 두려워졌고, 점점 말수도 줄어들었다.

질문
1. 이 사례에서 어떤 디지털 폭력이 발생했나요?
2. 이 상황을 예방하거나 완화할 수 있는 방법은 무엇인가요?

활동지 **디지털 폭력 가상 시나리오 2 – 목격자 역할 실습**

활동 목표

디지털 폭력을 목격했을 때 올바르게 대처하는 방법을 실습한다.

활동 방법

- 학생들은 팀별로 디지털 폭력 상황을 연기하거나, 보드게임 형식으로 시나리오를 해결하는 활동을 한다.
- 각 팀은 목격자로서 적절한 대처 방안을 제시하고, 선택한 대처 방법의 윤리적 측면을 논의한다.
- 활동 후 각 팀은 자신의 대처 방안과 실습에서 느낀 점을 발표한다.

✏️ 활동지 예시

- "당신은 사이버 불링 상황을 목격했습니다. 다음 질문에 답하십시오."
  - 목격자로서 어떤 행동을 취할 수 있습니까?
  - 이 상황을 개선하기 위해 다른 사람에게 어떤 도움을 요청할 수 있나요?

12주차 2차시
디지털 폭력의 예방과 윤리 가이드

디지털 환경이 확장되면서 사이버 폭력이 증가하고 있다. 학생들은 온라인에서 안전을 위협받을 수 있으며, 이러한 폭력은 단기 또는 장기적으로 정신적·정서적 피해를 초래한다. 교사는 학생들이 안전한 디지털 환경에서 성장할 수 있도록 중요한 역할을 한다. 교사는 학생들에게 디지털 예절과 책임감 있는 온라인 행동의 중요성을 교육하고, 예방적 지도를 통해 사이버 폭력을 최소화할 필요가 있다. 또한 디지털 도구와 AI 기술을 교육에 활용함에 있어 윤리적 원칙과 가이드를 설정할 필요가 있다.

참고자료 및 관련 사이트

– 교육분야 인공지능 윤리원칙(교육부, 2022)
– 인공지능 윤리교육 가이드북(경기도교육청, 2024)
– http://디지털윤리.kr(방송통신위원회, 한국지능정보사회진흥원)

활동지 팀별 | Activity

실습 활동 소개

디지털 윤리 행동 가이드

● **학교 교육에서 디지털** AI의 윤리적 활용을 위한 행동 계획 그리고 교사로서의 윤리 원칙을 생각하며, 구체적인 방안에 대해 작성해 보는 활동이다.

활동지 **디지털 윤리 행동 선언문 만들어 보기**

활동 목표

학생들이 디지털 폭력 예방을 위한 개인적 행동 계획을 수립하도록 돕는다.

활동 방법

- 학생들은 자신이 목격하거나 경험했던 디지털 폭력 사례를 공유한다.
- 각 학생은 이러한 사례를 바탕으로 개인적인 윤리 행동 계획을 작성한다.
- 작성한 행동 계획은 소그룹에서 공유하고, 피드백을 주고받으며 개선한다.

활동지 예시

- "다음의 지침에 따라 나만의 디지털 윤리 행동 계획을 작성하라."
  - 어떤 디지털 폭력 사례에 대응할 것인가?
  - 대처 방안을 구체적으로 설명하고 실천 계획을 작성하십시오.
  - 예상되는 결과와 느낀 점을 간략히 적어보세요.

활동지

교사로서 디지털 자원과 AI를 활용하는 데 있어 자신만의 원칙을 작성해 본다. 관련 참고자료와 사이트를 방문해 보고, 교육에서 디지털·AI 교육자료 활용에 관한 5가지 나만의 규칙을 만들어 보자.

- 나에게 있어 디지털 기술과 AI의 활용은 _____이다.
- 디지털 기술과 AI를 내 수업에 활용함에 있어 다음의 5가지 원칙을 준수하기로 한다.

  1) (예시) 학습자의 주도성과 다양성을 보장한다.
  2) (예시) 학습자 개별 특성을 존중하고 잠재성을 끌어낸다.
  3)
  4)
  5)

저자 소개

이은화(Lee Eun Hwa) ··

부산대학교 교육학과 박사(교육과정 및 교육방법 전공)
현) 신라대학교 교육대학원 교수

〈저서〉
국제이해교육의 이론과 실제(공저, 학지사, 2012)
러닝 포트폴리오의 이해와 실제(공저, 학지사, 2012)
티칭 포트폴리오의 이해와 실제(공저, 학지사, 2011)

〈논문〉
AI 시대 예비교사 소양교육으로서 디지털 리터러시 필요성 고찰(공동, 인문사회과학연구, 2024)
비수도권 사립대학생의 대학몰입 요인 인식유형과 유형별 특성(공동, 인문사회21, 2022)
대학간 교양교육 공유 협력 현황과 과제(공동, 교양교육연구, 2022)

신하영(Shin Ha Young) ··

숙명여자대학교 교육학과 박사(교육사회학 · 교육행정 전공)
현) 세명대학교 교양대학 교육학 교수

〈저서〉
스마트 미래 인성교육(공저, 태학사, 2023)

〈논문〉
리빙랩의 고등교육 ODA 가능성 탐색(공동, 교육혁신연구, 2024)
예비교사가 인식하는 AI 시대의 교사역할과 역량에 대한 기대수준(공동, 교육연구논총, 2023)
정책수용도 향상을 위한 기초학력정책 성과지표 개발 연구(공동, 교육과정평가연구, 2023)
대학혁신의 확산과 채택: 구성원의 인식을 중심으로(공동, 교육행정학연구, 2022)

김상미(Kim Sang Mi) ··

부산대학교 교육학과 박사(교육과정 및 교육방법 전공)
현) 부산대학교 교육특화총괄본부 연구교수

〈연구 및 논문〉
AI 기반 시뮬레이션 랩을 활용한 교원 전문성 향상 교육모델과 지원체제 연구(한국연구재단, 2024)
실천 중심 세계시민교육을 위한 콘텐츠 개발과 적용 방향 탐색(한국연구재단, 2021)
Post-COVID, 개발도상국 고등교육에서 교수역량 개선 요구와 지원방안(글로벌교육연구, 2022)
우리나라 MOOC 관련 연구의 흐름과 동향(교육정보미디어연구, 2019)

AI 시대 교사를 위한 디지털 교육 워크북
Digital Education Workbook for Teachers in the AI Era

2025년 3월 10일 1판 1쇄 인쇄
2025년 3월 20일 1판 1쇄 발행

지은이 • 이은화 · 신하영 · 김상미
펴낸이 • 김진환
펴낸곳 • (주) **학지사**

　　　　　04031 서울특별시 마포구 양화로 15길 20 마인드월드빌딩
대표전화 • 02)330-5114　　　　팩스 • 02)324-2345
등록번호 • 제313-2006-000265호

홈페이지 • http://www.hakjisa.co.kr
인스타그램 • https://www.instagram.com/hakjisabook/

ISBN 978-89-997-3370-3　93370

정가 16,000원

출판미디어기업 **학지사**

간호보건의학출판 **학지사메디컬** www.hakjisamd.co.kr
심리검사연구소 **인싸이트** www.inpsyt.co.kr
학술논문서비스 **뉴논문** www.newnonmun.com
교육연수원 **카운피아** www.counpia.com
대학교재전자책플랫폼 **캠퍼스북** www.campusbook.co.kr